我らは地涌の菩薩なり

THE BODHISATTVAS OF THE EARTH

IKEDA DAISAKU

池田大作

聖教新聞社

目次

ブックデザイン　株式会社 藤原デザイン事務所

一、本書は、「大白蓮華」に掲載された「世界を照らす太陽の仏法」（2016年8月号、2022年3月号、5月号～9月号）を、『我らは地涌の菩薩なり』として収録した。

一、御書の引用は、『日蓮大聖人御書全集　新版』（創価学会版）に基づき、ページ数は（新○○ページ）と示した。『日蓮大聖人御書全集』（創価学会版、第278刷）のページ数は（全○○ページ）と示した。

一、法華経の引用は、『妙法蓮華経並開結　新版』（創価学会版）に基づき（法華経○○ページ）と示した。

一、引用文のなかで、旧字体を新字体に、旧仮名遣いを現代仮名遣いに改め、句読点を補ったものもある。また、引用文中の御書を『日蓮大聖人御書全集　新版』に基づいたものもある。

一、肩書、名称、時節等については、掲載時のままにした。

一、説明が必要と思われる語句には、〈注○〉を付け、編末に「注解」を設けた。

——編集部

蘭室《らんしつ》の友《とも》に交《まじ》わって麻畝《まほ》の性《しょう》と成《な》る

「今《いま》、世《よ》に騒《さわ》がれている核実験《かくじっけん》、原水爆実験《げんすいばくじっけん》にたいする私の態度《たいど》を、本日《ほんじつ》、はっきりと声明《せいめい》したいと思《おも》うものであります」

1957年（昭和32年）の9月8日、台風一過《たいふういっか》の晴《は》れ渡《わた》る秋空《あきぞら》の下《もと》、横浜・三ツ沢《みつざわ》の競技場《きょうぎじょう》で、恩師《おんし》・戸田城聖《じょうせい》先生は5万人《まんにん》の青年らを前《まえ》に厳然《げんぜん》と師子吼《ししく》されました。私たちの平和運動《へいわうんどう》の原点《げんてん》である「原水爆禁止宣言《げんすいばくきんしせんげん》」です。逝去《せいきょ》される7カ月前《まえ》のことでした。

当時《とうじ》、東西冷戦下《とうざいれいせんか》で、米《べい》ソの核兵器開発競争《かくへいきかいはつきょうそう》は一段《いちだん》と激化《げきか》し、地球上《ちきゅうじょう》のどの場所《ばしょ》にも核攻撃《かくこうげき》が可能《かのう》となる状況《じょうきょう》が、世界の現実《げんじつ》となって、まもない時期《じき》でした。

こうした事態《じたい》を前《まえ》にして、戸田先生は、いかなる国も核兵器《かくへいき》の使用《しよう》は絶対《ぜったい》に許《ゆる》されないと強調《きょうちょう》し、核保有《かくほゆう》を正当化《せいとうか》する論理《ろんり》に対《たい》して、その奥《おく》に隠《かく》されている「爪《つめ》」をもぎとるのだと、宣言《せんげん》されたのです。

すなわち、核兵器《かくへいき》は、いかに言葉《ことば》を飾《かざ》ろうと、世界の民衆《みんしゅう》の生存《せいぞん》の権利《けんり》を根源的《こんげんてき》に脅《おびや》かすものであり、〝絶対悪《ぜったいあく》〟である。ゆえに、訣別《けつべつ》する以外《いがい》にない――この思想《しそう》を世界に浸透《しんとう》させて、核兵器《かくへいき》による惨劇《さんげき》を断《だん》じて起《お》こさせないための道《みち》を開《ひら》いていくのだ、との慧眼《けいがん》でした。そして、その思想《しそう》を広《ひろ》めることを後継《こうけい》の青年に託《たく》したのです。

「全世界に広《ひろ》めてもらいたい」

戸田先生は、この宣言《せんげん》の中《なか》で、「いやしくも私の弟子《でし》であるならば、私のきょうの声明《せいめい》を継《つ》いで、全世界にこの意味《いみ》を浸透《しんとう》させてもらいたい」と言《い》われました。そして最後《さいご》にも、「この私の第1回の声明《せいめい》を全世界に広《ひろ》めてもらいたいことを切望《せつぼう》」するとして結《むす》ばれたのです。

私は、一人の青年として、不二《ふに》の弟子《でし》として、師匠《ししょう》の宣言《せんげん》を断《だん》じて実現《じつげん》してみせる、必《かなら》ずや世界の潮流《ちょうりゅう》にしてみせると深《ふか》く、強《つよ》く心に期《き》しました。

そして第3代会長に就任《しゅうにん》して、その師弟共戦《していきょうせん》の闘争《とうそう》を本格的《ほんかくてき》に展開《てんかい》し、日本をはじめ世界の宝友《ほうゆう》たちと共《とも》に、生命尊厳《そんげん》の哲学《てつがく》を掲《かか》げた〝平和《へいわ》と文化《ぶんか》と教育《きょういく》の草《くさ》の根《ね》の民衆《みんしゅう》の連帯《れんたい》〟を、地球上《ちきゅうじょう》に広《ひろ》げてきたのです。

世界の指導者《しどうしゃ》や識者《しきしゃ》と、あらゆる差異《さい》を超《こ》えた対話《たいわ》を行《おこな》う時《とき》も、平和《へいわ》への提《てい》言《げん》を発信《はっしん》する時《とき》も、私の胸奥《きょうおう》には、常《つね》に戸田先生が命《いのち》を振《ふ》り絞《しぼ》って宣言《せんげん》された、烈々《れつれつ》たる言々句々《げんげんくく》が轟《とどろ》いていました。

今《いま》、その恩師《おんし》が託《たく》された、「魔性《ましょう》の権力《けんりょく》に挑《いど》みゆく勇気《ゆうき》の言論《げんろん》」を、「生命の尊厳《そんげん》を守《まも》り抜《ぬ》く信念《しんねん》の言論《げんろん》」を、「民衆《みんしゅう》の心を結《むす》び合《あ》う英知《えいち》の言論《げんろん》」を、世界の青年たちが連帯《れんたい》して受《う》け継《つ》ぎ、未来へ流《なが》れ通《かよ》わせていってもらいたいのです。

そして、忘《わす》れてはならないことは、私たちが日々《ひび》、「人間革命」の仏法哲理《てつり》を語《かた》り広《ひろ》めることこそが、恩師《おんし》の遺訓《いくん》を実現《じつげん》しゆく根幹《こんかん》の大道《だいどう》であるということです。

人間の心に潜《ひそ》む無明《むみょう》を破《やぶ》る

平和《へいわ》は、一人一人の生命の開拓《かいたく》から始《はじ》まります。互《たが》いに尊極《そんごく》なる仏《ほとけ》の生命を顕現《けんげん》させていく対話《たいわ》の連帯《れんたい》の拡大《かくだい》こそが、魔性《ましょう》の爪《つめ》をもぎとる最《もっと》も根源的《こんげんてき》な実《じっ》践《せん》であり、最《もっと》も着実《ちゃくじつ》な挑戦《ちょうせん》となるのです。

御聖訓《ごせいくん》に「日蓮《にちれん》が一門《いちもん》は師子《しし》の吼《ほ》うるなり」（新1620ジペー・全1190ジペー）と仰《おお》せです。

日蓮大聖人は、人間の心に潜《ひそ》む無明《むみょう》を打《う》ち破《やぶ》る大法《だいほう》を説《と》き明《あ》かされ、命《いのち》に及《およ》ぶ大難《だいなん》の中《なか》、師子吼《ししく》の言論《げんろん》の力《ちから》、対話《たいわ》の力《ちから》で、末法《まっぽう》広宣流布の戦《たたか》いを起《お》こされました。その焦点《しょうてん》は、どこまでも一人一人の「人間の幸福《こうふく》」であり、「生命の尊厳《そんげん》」です。そして、「立正安国の実現《りっしょうあんこくのじつげん》」であり、「世界の安穏《あんのん》」です。

仏教《ぶっきょう》は、徹底《てってい》して人間を軸《じく》とする宗教《しゅうきょう》です。「太陽の仏法」とは、あらゆる差異《さい》を超《こ》えて人々に平和《へいわ》の慈光《じこう》を注《そそ》ぎゆく宗教《しゅうきょう》なのです。

ここで「人間のための宗教《しゅうきょう》」の必須条件《ひっすじょうけん》とも言《い》える「対話《たいわ》」と「振《ふ》る舞《ま》い」の要諦《ようてい》を確認《かくにん》していきましょう。最初《さいしょ》に「立正安国論《りっしょうあんこくろん》」〈注1〉を拝《はい》します。

立正安国論《りっしょうあんこくろん》

御文　（新43ページ・全31ページ）

主人悦《しゅじんよろこ》んで曰《い》わく、鳩化《はとか》して鷹《たか》となり、雀変《すずめへん》じて蛤《はまぐり》となる。悦《よろこ》ばしいかな、汝《なんじ》、蘭室《らんしつ》の友《とも》に交《まじ》わって麻畝《まほ》の性《しょう》と成《な》る。

る。（中略）
ただし、人《ひと》の心《こころ》は時《とき》に随《したが》って移《うつ》り、物《もの》の性《しょう》は境《きょう》に依《よ》って改《あらた》まる。譬《たと》えば、なお、水中《すいちゅう》の月《つき》の波《なみ》に動《うご》き、陣前《じんぜん》の軍《いくさ》の剣《つるぎ》に靡《なび》くがごとし。汝《なんじ》、当座《とうざ》に信《しん》ずといえども、後定《のちさだ》めて永《なが》く忘《わす》れん。もし、まず国土《こくど》を安《やす》んじて現当《げんとう》を祈《いの》らんと欲《ほっ》せば、速《すみ》やかに情慮《じょうりょ》を廻《めぐ》らし悤《いそ》いで対治《たいじ》を加《くわ》えよ。

現代語訳

主人《しゅじん》は悦《よろこ》んでいう。鳩《はと》が変化《へんか》して鷹《たか》となり、雀《すずめ》が変化《へんか》して蛤《はまぐり》となった。なんと悦《よろこ》ばしいことだろうか。あなたは、香《かお》り高《たか》い蘭室《らんしつ》の友《とも》に交《まじ》わって感化《かんか》され、麻畑《あさばたけ》に生《は》える蓬《よもぎ》のようにまっすぐな性質《せいしつ》になった。
（中略）

とはいえ、人の心は時間《じかん》の経過《けいか》にともなって移《うつ》り変《か》わり、人の性質《せいしつ》は接《せっ》する環境《かんきょう》に基《もと》づいて変《か》わる。譬《たと》えを挙《あ》げれば、水面《すいめん》に映《うつ》る月の姿《すがた》が波《なみ》に動《うご》き、戦《たたか》いに臨《のぞ》んだ軍隊《ぐんたい》が剣《つるぎ》の動《うご》きにつれて動《うご》くようなものである。

あなたは、今《いま》この場《ば》では信《しん》じているが、後《あと》になると必《かなら》ず忘《わす》れてしまうだろう。もし、まず国土《こくど》を安穏《あんのん》にして、現世《げんぜ》・来世《らいせ》のことを祈《いの》ろうと思《おも》うなら、速《すみ》やかに考《かんが》えを廻《めぐ》らし急《いそ》いで謗法《ほうぼう》を滅《めっ》しなさい。

民衆《みんしゅう》の安穏《あんのん》を実現《じつげん》する一書《いっしょ》

「立正安国論《りっしょうあんこくろん》」は、民衆《みんしゅう》の安穏《あんのん》と幸福《こうふく》を実現《じつげん》するための「一対《たい》一の対話《たいわ》の一《いっ》書《しょ》」「宗教的覚醒《しゅうきょうてきかくせい》の一書《いっしょ》」であり、「世界平和《へいわ》への一書《いっしょ》」です。また、主人《しゅじん》との対話《たいわ》によって真実《しんじつ》の仏法に目覚《めざ》めた旅客《りょきゃく》は、平和《へいわ》への新《あら》たな対話《たいわ》を決意《けつい》する。

そうした「希望《きぼう》の行動《こうどう》を促《うなが》す一書《いっしょ》」とも言《い》えます。

冒頭《ぼうとう》は、相次《あいつ》ぐ災難《さいなん》による災禍《さいか》への「憂《うれ》いの共有《きょうゆう》」から対話《たいわ》が出発《しゅっぱつ》します。

そして、災厄《さいやく》の元凶《げんきょう》として、人間の可能性《かのうせい》、生命の尊厳性《そんげんせい》を説《と》き切《き》った法華経を否定《ひてい》する不信《ふしん》・謗法《ほうぼう》という悪《あく》の根《ね》を浮《う》き彫《ぼ》りにしていきます。根源悪《こんげんあく》を糾《きゅう》弾《だん》する鋭《するど》き展開《てんかい》に反発《はんぱつ》し、ひとたびは席《せき》を立《た》って帰《かえ》ろうとした客《きゃく》に対《たい》して、主《しゅ》人《じん》は、泰然自若《たいぜんじじゃく》、ほほ笑《え》みながら引《ひ》き留《と》め、対話《たいわ》を続《つづ》けます。

客《きゃく》の心は、仏法の正義《せいぎ》を堂々《どうどう》と示《しめ》す主人《しゅじん》の姿《すがた》に触《ふ》れ、次第《しだい》に目覚《めざ》めて変《か》わっていきます。最後《さいご》には、災禍《さいか》から民衆《みんしゅう》を救済《きゅうさい》していく行動《こうどう》への「誓《ちか》いの共有《きょうゆう》」で結《むす》ばれるのです。そうしたなかで、客《きゃく》の変化《へんか》を喜《よろこ》んだ主人《しゅじん》が語《かた》ったのが、ここで掲《かか》げた拝読御文《はいどくごもん》です。

「創価の同志《どうし》」こそ「蘭室《らんしつ》の友《とも》」

蘭《らん》の香《かお》りが漂《ただよ》う部屋《へや》にいると、その香《かお》りが自然《しぜん》と体《からだ》に染《し》みてきます。

「蘭室《らんしつ》の友《とも》」とは、そのような感化力《かんかりょく》のある徳《とく》の高《たか》い人、すなわち「善友《ぜんゆう》」のことです。

また、通常《つうじょう》は曲《ま》がって伸《の》びる蓬《よもぎ》も、麻畑《あさばたけ》では周《まわ》りの麻《あさ》にならって真《ま》っすぐに伸《の》びます。

人間も、善《よ》き縁《えん》に触《ふ》れることで、真《ま》っすぐに成長《せいちょう》することができます。同《おな》じように、「善知識《ぜんちしき》」〈注2〉とは、かかわる人全《すべ》てを幸福《こうふく》の軌道《きどう》に導《みちび》く存《そん》在《ざい》です。

現代《げんだい》においては「創価の同志《どうし》」こそ「善知識《ぜんちしき》」の集《つど》いであり、「蘭室《らんしつ》の友《とも》」です。

学会員は、「人間革命への善友《ぜんゆう》」として、自他共《じたとも》に善性《ぜんせい》を呼《よ》び覚《さ》まし、磨《みが》き合《あ》い、高《たか》め合《あ》っていくのです。その具体的活動《ぐたいてきかつどう》が、座談会《ざだんかい》を柱《はしら》とする、励《はげ》ましの対話《たいわ》です。

「民衆《みんしゅう》の中《なか》に入《はい》る」ことが学会の伝統《でんとう》

戸田先生は、常々《つねづね》、語《かた》られていました。

「初代《しょだい》・牧口先生は、民衆《みんしゅう》の中《なか》に入《はい》り、地道《じみち》に座談会《ざだんかい》を重《かさ》ね、一人一人の苦《く》悩《のう》の解決《かいけつ》に力《ちから》を注《そそ》がれた。これが、学会の誇《ほこ》り高《たか》き歴史《れきし》である」と。

さらには「日蓮大聖人の仏法は、最高《さいこう》の民主主義《みんしゅしゅぎ》である。座談会《ざだんかい》は、その究《きゅう》極《きょく》の縮図《しゅくず》である」とも言《い》われていました。

学会は「立正安国《りっしょうあんこく》の旗《はた》」を高《たか》らかに掲《かか》げ、「対話《たいわ》」という最《もっと》も地道《じみち》な方法《ほうほう》で現実社会《げんじつしゃかい》の変革《へんかく》に挑戦《ちょうせん》してきました。どこまでも「誠実《せいじつ》」と「信頼《しんらい》」を根本《こんぽん》にした、一対《たい》一の語《かた》らいから、「平和《へいわ》の道《みち》」「友好《ゆうこう》の道《みち》」を広《ひろ》げてきたのです。常《じょう》識豊《しきゆた》かに「対話《たいわ》」を重《おも》んじることが「人間のための宗教《しゅうきょう》」の証《あか》しだからです。

相手《あいて》の生命の善性《ぜんせい》を薫発《くんぱつ》する

「立正安国論《りっしょうあんこくろん》」では、主人《しゅじん》の慈悲《じひ》から発《はっ》する誠意《せいい》の香《かお》りが相手《あいて》の生命を確《たし》かに変《か》えていきます。心を開《ひら》かせ、対話《たいわ》を大《おお》きく進《すす》めさせていく鍵《かぎ》となるのは、人格《じんかく》の力《ちから》、人間的な魅力《みりょく》、誠実《せいじつ》な振《ふ》る舞《ま》いです。

それらは、肩書《かたがき》や立場《たちば》などではなく、人間としての生《い》き方《かた》の表《あらわ》れです。私たちも「広宣流布」即《そく》「立正安国《りっしょうあんこく》」の実現《じつげん》に向《む》けて対話《たいわ》を続《つづ》けていくなかで、いつしか、「蘭《らん》」の薫《かお》るがごとき仏界《ぶっかい》・菩薩界《ぼさつかい》の尊貴《そんき》な生命となっていく。そして、一人また一人と縁《えん》を結《むす》んでいくなかで、相手《あいて》の生命の善性《ぜんせい》も薫発《くんぱつ》していくのです。

戸田先生は宗教《しゅうきょう》が広《ひろ》まる要件《ようけん》の一つとして、その宗教《しゅうきょう》を実践《じっせん》する人が「人間的《てき》に尊敬《そんけい》される」ことを挙《あ》げられていました。

正《ただ》しい法《ほう》を持《たも》っているからこそ、まず人間として信頼《しんらい》されることが大事《だいじ》です。「一切《いっさい》の仏法《ぶっぽう》もまた人《ひと》によりて弘《ひろ》まるべし」（新516ジペー・全465ジペー）だからです。

創価の連帯《れんたい》が世界192カ国・地域《ちいき》に広《ひろ》がったのも、わが同志《どうし》がこの指導《しどう》のままに誠実《せいじつ》に行動《こうどう》し、「良《よ》き市民《しみん》」として献身《けんしん》して信頼《しんらい》と友情《ゆうじょう》の根《ね》をしっかりと張《は》ってきたからです。

さらに大聖人は、人の心が時《とき》によって移《うつ》ろいゆくことを指摘《してき》され、今《いま》、この場《ば》で信《しん》じていても、後《あと》になれば決意《けつい》が薄《うす》れて忘《わす》れてしまうと仰《おお》せです。だからこそ、時《とき》を逃《のが》さずに行動《こうどう》を起《お》こしなさいと「決意即行動《けついそくこうどう》」の重要性《じゅうようせい》を訴《うった》えられています。自《みずか》らが一人立《た》ち上《あ》がれば、必《かなら》ず次《つぎ》の一人の蘇生《そせい》を促《うなが》し、その一人がまた、新《あら》たな対話《たいわ》を広《ひろ》げていくからです。

この人間の可能性《かのうせい》を信《しん》じて、人間の中《なか》に飛《と》び込《こ》み、心と心を結《むす》んでいく行動《こうどう》が変革《へんかく》を起《お》こしていくのです。身近《みぢか》な地域社会《ちいきしゃかい》から、心広々《ひろびろ》と、いよいよ勇敢《ゆうかん》に、いよいよ粘《ねば》り強《づよ》く、希望《きぼう》と蘇生《そせい》の対話《たいわ》の波《なみ》を、私たちは自信《じしん》をもって起《お》こしてまいりたい。

人と人を結《むす》びゆく「対話《たいわ》」と、友《とも》の幸福《こうふく》を願《ねが》う励《はげ》ましの「行動《こうどう》」こそ、「人間のための宗教《しゅうきょう》」の真髄《しんずい》なのです。

兵衛志殿御返事《ひょうえのさかんどのごへんじ》（一族末代栄《いちぞくまつだいさか》えの事《こと》）

御文　（新1498ページ）

末代《まつだい》なれどもかしこき《賢》上《うえ》、欲《よく》なき身《み》と生《う》まれて、三人《さんにん》ともに仏《ほとけ》になり給《たま》い、ちち《父》かた《方》、はは《母》かた《方》のるい《類》をもすくい《救》給《たも》う人《ひと》となり候《そうら》いぬ。

また、との《殿》の御子息等《ごしそくとう》も、すえ《末》の代《よ》はさかう《栄》べしとおぼし《思》めせ。このことは一代聖教《いちだいしょうぎょう》をも引《ひ》いて、百千《ひゃくせん》まい《枚》にかく《書》とも、つくす《尽》べしとはおもわ《思》ねども、やせやまい《痩病》と申《もう》し、身《み》もくる《苦》るしく候《そうら》えば、事々《ことごと》申《もう》さず。あわれ、あわれ、いつかげんざ《見参》んに入《い》って申《もう》し候《そうら》わん。

現代語訳

末法《まっぽう》の世《よ》ではあるけれども、（あなた〈池上宗長《いけがみむねなが》〉は）賢《かしこ》い上《うえ》、欲《よく》のない身《み》に生《う》まれて、（父《ちち》、兄《あに》、自身《じしん》の）三人《にん》とも仏《ほとけ》になられ、父方《ちちかた》・母《はは》方《かた》の親類《しんるい》をも救《すく》う人になられたのです。

また、あなたのご子息《しそく》らも、末代《まつだい》まで永《なが》く栄《さか》えるであろうと思《おも》いなさい。

このことは、一代聖教《いちだいしょうぎょう》（あらゆる経典《きょうてん》）を引用《いんよう》して、百千枚《ひゃくせんまい》にわたって書《か》いても書《か》き尽《つ》くせることとは思《おも》わないけれども、痩《や》せ細《ほそ》る病《やまい》で、体《からだ》も苦《くる》しいので、あれこれと申《もう》し上《あ》げられません。まことに、まことに、いつかお目《め》にかかり申《もう》し上《あ》げましょう。

信心の団結《だんけつ》で障魔《しょうま》に勝《か》つ

続《つづ》いて、『日蓮大聖人御書全集　新版《しんぱん》』に初《はじ》めて収録《しゅうろく》された「兵衛志殿御返事《ひょうえのさかんどのごへんじ》（一族末代栄《いちぞくまつだいさか》えの事《こと》）」〈注3〉の一節《いっせつ》を拝《はい》します。

池上宗仲《いけがみむねなか》と宗長《むねなが》の兄弟《きょうだい》が信心の団結《だんけつ》で障魔《しょうま》を乗《の》り越《こ》えた体験《たいけん》は、後世《こうせい》の門下《もんか》にとっての模範《もはん》です。

極楽寺良観《ごくらくじりょうかん》〈注4〉に、たぶらかされていた父親《ちちおや》から、兄《あに》は、法華経の信仰《しんこう》を捨《す》てるように迫《せま》られ、2度《ど》も勘当《かんどう》されました。弟《おとうと》は信仰《しんこう》を捨《す》てれば家督《かとく》を継《つ》げることになります。

大聖人は、とりわけ弟《おとうと》の宗長《むねなが》の信心を心配《しんぱい》し、厳愛《げんあい》の励《はげ》ましを送《おく》り続《つづ》けられました。兄弟《きょうだい》と夫人《ふじん》たちは、大聖人の仰《おお》せ通《どお》りに不退《ふたい》の信仰《しんこう》を貫《つらぬ》きました。その結果《けっか》、兄《あに》の勘当《かんどう》が許《ゆる》され、ついには、父親《ちちおや》が入信《にゅうしん》するのです。本抄《ほんしょう》は父《ちち》が入信《にゅうしん》する前後《ぜんご》、いずれにしても関係《かんけい》が好転《こうてん》している、弘安元年《こうあんがんねん》（1278年）の御執筆《ごしっぴつ》と考《かんが》えられます。

大聖人は本抄《ほんしょう》で、「あなたは、兄《あに》と親《おや》を損《そこ》なう人となって、提婆達多《だいばだった》〈注5〉のようになるはずのところが（中略）父《ちち》・兄《あに》・自身《じしん》の3人とも仏《ほとけ》になり、父《ちち》方《かた》・母方《ははかた》の親類《しんるい》をも救《すく》う人になったのです」とつづられています。大聖人の峻《しゅん》厳《げん》なまでの御指導《ごしどう》を受《う》け切《き》り、圧迫《あっぱく》にも誘惑《ゆうわく》にも屈《くっ》しなかった兄弟《きょうだい》・夫妻《ふさい》の団《だん》結《けつ》の戦《たたか》いを心から讃《たた》えられているのです。

さらに御文《ごもん》では、こうした功績《こうせき》によって、「あなたのご子息《しそく》らも、末代《まつだい》まで永《なが》く栄《さか》えるであろうと思《おも》いなさい」と述《の》べられ、「このことは、一代聖教《いちだいしょうぎょう》を引《いん》用《よう》して、百千枚《ひゃくせんまい》にわたって書《か》いても書《か》き尽《つ》くせることとは思《おも》えません」とも示《しめ》されます。

また、この御文《ごもん》の後《うし》ろでは、「（いつか）お目《め》にかかるならば、あまりのうれしさに話《はなし》ができなくなってしまうでしょう」（新1498ジペー、通解）と筆《ふで》を重《かさ》ねられ、尽《つ》きせぬ喜《よろこ》びを記《しる》されています。

〝どれほど書《か》いても書《か》き尽《つ》くせない〟との真心《まごころ》の励《はげ》ましに、池上兄弟《いけがみきょうだい》と夫人《ふじん》たちは、いかほどに歓喜《かんき》し、感激《かんげき》したことでしょうか。新《あら》たな決意《けつい》がみなぎったことは間違《まちが》いありません。

大聖人のこうした言々句々《げんげんくく》を拝《はい》するたびに、どこまでも相手《あいて》に同苦《どうく》される大《だい》慈悲《じひ》と、その人の可能性《かのうせい》を信《しん》じ呼《よ》び起《お》こさんとする御真情《ごしんじょう》が伝《つた》わってきます。万人成仏《ばんにんじょうぶつ》の大法《だいほう》を行《ぎょう》ずる門下《もんか》に、どんな困難《こんなん》や苦難《くなん》に直面《ちょくめん》しても必《かなら》ず打《う》ち勝《か》つことができるという大確信《だいかくしん》と大勇《だいゆう》を贈《おく》られ、「これほどまでに」との濃《こま》やかな御配慮《ごはいりょ》を尽《つ》くされているのです。

創価の師弟《してい》に「人生《じんせい》のあり方《かた》」が

共《とも》に対談集《たいだんしゅう》を発刊《はっかん》したアメリカ実践哲学協会《じっせんてつがくきょうかい》元会長のマリノフ博士〈注6〉は、創価の師弟《してい》には「人生《じんせい》のあり方《かた》」の継承《けいしょう》があると洞察《どうさつ》されていました。

「『人生《じんせい》のあり方《かた》』とはすなわち、人間はどのように生《い》きるべきかと考《かんが》える学《がく》問《もん》であり、価値《かち》と目的《もくてき》を持《も》って人生《じんせい》を生《い》きるための学問《がくもん》なのです。そのなかでも、〝他人《たにん》の幸福《こうふく》に寄与《きよ》する〟〝自身《じしん》の幸福《こうふく》は、そうした生き方の中《なか》に達成《たっせい》される〟との視点《してん》が大切《たいせつ》です。これこそが、SGI（創価学会インタナショナル）が世界に発信《はっしん》しているメッセージなのです」

「〝良《よ》き生き方〟の実践《じっせん》とは、人と会《あ》い、良《よ》きメッセージを与《あた》えていくことです。それは小《ちい》さいことのようですが、じつに大切《たいせつ》なことなのです。私たちが、一人の人間に啓発《けいはつ》を与《あた》えることができれば、その一人が、他《ほか》の人に良《よ》き影響《えいきょう》を与《あた》えていきます。それによって、社会《しゃかい》に〝善《ぜん》〟が広《ひろ》がります」

「自他共《じたとも》の幸福《こうふく》」を目指《めざ》す「良《よ》き生き方」こそが社会《しゃかい》を動《うご》かしていく、ということです。

〝一波《いっぱ》が二波《には》に、やがて千波《せんぱ》、万波《ばんぱ》に〟

私たちの自行化他《じぎょうけた》の実践《じっせん》は全人類《ぜんじんるい》の宿命《しゅくめい》を転換《てんかん》し、核兵器《かくへいき》なき世界へ、平和《へいわ》な世界の構築《こうちく》へと進《すす》む、地道《じみち》にして着実《ちゃくじつ》な一歩《いっぽ》また一歩《いっぽ》です。この日々《ひび》の歩《あゆ》み

青年に期待を寄せる池田先生（2009年1月　東京）

こそが広宣流布です。

戸田先生は、「広宣流布は、どうやって進《すす》むのか」についてこう指導《しどう》されました。

「一対《たい》一の折伏《しゃくぶく》が、広宣流布達成《たっせい》の鉄則《てっそく》となる。これがまた、立派《りっぱ》な民主主《みんしゅしゅ》義《ぎ》のルールにかなった方程式《ほうていしき》ともいえるのだ。地道《じみち》にみえる進《すす》み方《かた》だが、最《もっと》も堅実《けんじつ》である。

この一波《いっぱ》が二波《には》になり、やがては千波《せんぱ》、万波《ばんぱ》になっていって、初《はじ》めて、広宣流布が達成《たっせい》されるのだ」と。

さらに、現代《げんだい》の広宣流布は民衆《みんしゅう》一人一人を救《すく》っていく活動《かつどう》であると教《おし》えられ、「辛抱強《しんぼうづよ》く一対《たい》一で、日蓮大聖人の真《しん》の仏法を説《と》き、納得《なっとく》させて、一人が一人を救《すく》っていく以外《いがい》に方法《ほうほう》はない。これが創価学会の使命《しめい》とする実践活動《じっせんかつどう》です」とも語《かた》られていました。

一人また一人と、まさしく「一人が一人を救《すく》っていく」真心《まごころ》の対話《たいわ》を、真剣《しんけん》に粘《ねば》り強《づよ》く重《かさ》ねていく。尊《とうと》き女性部をはじめ、わが宝友《ほうゆう》が、最《もっと》も地道《じみち》にして、最《もっと》も崇高《すうこう》な活動《かつどう》を繰《く》り広《ひろ》げたことで、御金言通《ごきんげんどお》り、地涌《じゆ》の菩薩《ぼさつ》の自覚《じかく》に立《た》った人材《じんざい》が各地《かくち》、各国《かっこく》に陸続《りくぞく》と生《う》まれ、世界広宣流布が現実《げんじつ》のものとなったのです。この軌道《きどう》は未来永遠《えいえん》に変《か》わりません。

どこまでも一人一人の苦悩《くのう》に耳《みみ》を傾《かたむ》け、絶対的幸福《ぜったいてきこうふく》への道《みち》を語《かた》り切《き》っていくのです。

人類《じんるい》の平和《へいわ》を祈《いの》って行動《こうどう》する

私たちが妙法を受持《じゅじ》し、縁《えん》する友《とも》を大切《たいせつ》にしながら、全人類《ぜんじんるい》の平和《へいわ》を祈《いの》って行動《こうどう》する一念《いちねん》は、「一身一念法界《いっしんいちねんほうかい》に遍《あまね》し」（新135ジ・全247ジ等）で、地球《ちきゅう》を包《つつ》み、全宇宙《ぜんうちゅう》にも通《つう》じていくことを確信《かくしん》したいのです。

「声《こえ》、仏事《ぶつじ》をなす」（新985ジ・全708ジ等）です。

生命と生命の希望《きぼう》の触発《しょくはつ》、人と人の心を結《むす》ぶ蘇生《そせい》の対話《たいわ》こそ仏法者の根幹《こんかん》の使命《しめい》です。

共々《ともども》に尊《とうと》き地涌《じゆ》の菩薩《ぼさつ》として、いやまして勇気《ゆうき》と真心《まごころ》の対話《たいわ》を広《ひろ》げていこうではありませんか！

［注解］

〈注1〉【立正安国論《りっしょうあんこくろん》】文応元年《ぶんおうがんねん》（1260年）7月16日、時《とき》の実質的《じっしつてき》な最高権力者《さいこうけんりょくしゃ》・北条時頼《ほうじょうときより》に提出《ていしゅつ》された諫暁《かんぎょう》の書《しょ》。客《きゃく》（北条時頼《ほうじょうときより》を想定《そうてい》）と主人《しゅじん》（日蓮大聖人を想定《そうてい》）との10問《もん》9答《とう》の対話形式《たいわけいしき》で構成《こうせい》されている。正法《しょうほう》に帰依《きえ》しなければ三災七難《さんさいしちなん》のうち、残《のこ》る「自界叛逆難《じかいほんぎゃくなん》（内乱《ないらん》）」と「他国侵逼難《たこくしんぴつなん》（外国《がいこく》からの侵略《しんりゃく》）」が起《お》こると予言《よげん》した。

〈注2〉【善知識《ぜんちしき》】正直《しょうじき》・有徳《うとく》の友人《ゆうじん》。悪知識《あくちしき》に対《たい》する語《ご》。人を仏道《ぶつどう》に導《みちび》き入《い》れる者《もの》のこと。仏法を教《おし》える師匠《ししょう》や、共《とも》に仏道修行《ぶつどうしゅぎょう》に励《はげ》む仲間《なかま》、同志《どうし》を指《さ》す。

〈注3〉【兵衛志殿御返事《ひょうえのさかんどのごへんじ》（一族末代栄《いちぞくまつだいさか》えの事《こと》）】末尾《まつび》を欠失《けっしつ》しているため日付《ひづけ》・宛先《あてさき》が不明《ふめい》だが、内容《ないよう》から弘安元年《こうあんがんねん》（1278年）に兵衛志《ひょうえのさかん》（池上宗長《いけがみむねなが》）宛《あて》に送《おく》られたと推定《すいてい》される。尊《とうと》い供養《くよう》の志《こころざし》をたたえられ、故事《こじ》を通《とお》し、兄弟《きょうだい》が心一つに団結《だんけつ》することが一家《いっか》・一族《いちぞく》の繁《はん》栄《えい》の基《もとい》であることを教《おし》えられている。

〈注4〉【極楽寺良観《ごくらくじりょうかん》】1217年～1303年。真言律宗《しんごんりっしゅう》（西大寺流律宗《さいだいじりゅうりっしゅう》）の僧《そう》。良観房忍性《りょうかんぼうにんしょう》。文永《ぶんえい》4年（1267年）、鎌倉《かまくら》の極楽寺《ごくらくじ》に入《はい》ったので、極楽寺良観《ごくらくじりょうかん》とも呼《よ》ばれる。権力《けんりょく》に取《と》り入《い》って、種々《しゅじゅ》の利権《りけん》を手《て》にする一方《いっぽう》、日蓮大聖人に敵対《てきたい》し、大聖人と門下《もんか》に対《たい》する数々《かずかず》の迫害《はくがい》の黒幕《くろまく》となった。

〈注5〉【提婆達多《だいばだった》】釈尊《しゃくそん》のいとこ。最初《さいしょ》、釈尊《しゃくそん》に従《したが》っていたが、慢心《まんしん》を起《お》こして釈尊《しゃくそん》に敵対《てきたい》し、暗殺《あんさつ》を謀《はか》るなど重大《じゅうだい》な悪事《あくじ》を積《つ》み重《かさ》ねた。

〈注6〉【マリノフ博士】ルー・マリノフ。1951年〜。米国の哲学者《てつがくしゃ》。哲学《てつがく》カウンセリングのパイオニアとして有名《ゆうめい》。アメリカ哲学《てつがく》カウンセリング協会《きょうかい》会長、アメリカ実践哲学協会《じっせんてつがくきょうかい》会長などを務《つと》めた。池田大作先生との対談集《たいだんしゅう》に『哲学ルネサンスの対話』（潮出版社）がある。

あえて娑婆世界《しゃばせかい》に生《う》まれた

「決《けっ》して恐《おそ》れるな、師子《しし》として堂々《どうどう》と生《い》き抜《ぬ》け！」

恩師《おんし》・戸田城聖《じょうせい》先生が常々《つねづね》、青年に語《かた》られたご指導《しどう》です。

誰《だれ》よりも青年を大切《たいせつ》にされていたからこそ、一人一人が「師子王《ししおう》の心《こころ》を取《と》り出《い》だし」（新1620ページ・全1190ページ）、一切《いっさい》の苦難《くなん》に負《ま》けることなく人生《じんせい》の勝利者《しょうりしゃ》になってほしいと、慈愛《じあい》の励《はげ》ましを続《つづ》けられたのです。

先師《せんし》・牧口常三郎《つねさぶろう》先生以来《いらい》、青年を育成《いくせい》し、次代《じだい》の指導者《しどうしゃ》を輩出《はいしゅつ》することは、創価学会の不滅《ふめつ》の伝統精神《でんとうせいしん》であり、根幹《こんかん》の魂《たましい》です。

真《しん》の人生《じんせい》の道《みち》を求《もと》める人へ

戸田先生が、東北放送《とうほくほうそう》のラジオのインタビューに応《おう》じられた時《とき》のことです（１９５６年〈昭和31年〉12月）。「創価学会に青年が多《おお》いのはなぜか？」という質《しつ》問《もん》に、先生は明快《めいかい》に答《こた》えられました。

「哲学《てつがく》が深《ふか》いからです！」

そして、〝青年は哲学《てつがく》を究《きわ》めようとする。究《きわ》めようとすれば、ますます山が高《たか》くなってくる。登《のぼ》るにつれて楽《たの》しみも増《ふ》えるという訳《わけ》です。ですから、ついたら離《はな》れないのです〟と語《かた》られたのです。

真《しん》の人生《じんせい》の道《みち》を求《もと》めている青年を慈《いつく》しみ、応《こた》えゆかれる人間教育者《きょういくしゃ》の言葉《ことば》です。先生の慈愛《じあい》の音声《おんじょう》が蘇《よみがえ》ります。先生は続《つづ》けて、こうも言《い》われました。

「私も、その道《みち》を歩《あゆ》んでいるのです。ただ一歩先《さき》か、二歩先《さき》かの問題《もんだい》です。〝山を究《きわ》めた〟と言《い》っているのではない。〝山を目指《めざ》して一緒《いっしょ》に歩《ある》こう〟と言《い》っているのです」と。

どこまでも一緒《いっしょ》に仏法を探究《たんきゅう》していこうとの励《はげ》ましが、どれほど多《おお》くの青年を勇気《ゆうき》づけたことか。共《とも》に学《まな》び成長《せいちょう》し、共々《ともども》に一生成仏《いっしょうじょうぶつ》と広宣流布の山《やま》を登《のぼ》りゆくための学会の仏法研鑽《けんさん》です。

ここでは男子部、学生部、池田華陽会《かようかい》、未来部の皆《みな》さんの飛躍《ひやく》を願《ねが》って、「青年と信仰《しんこう》」をテーマに、御書を拝《はい》していきたい。最初《さいしょ》に、青年に対《たい》する限《かぎ》りない期待《きたい》を示《しめ》された「上野殿御返事《うえのどのごへんじ》（土餅供養《つちもちくよう》の事《こと》）」〈注1〉を学《まな》びます。

上野殿御返事《うえのどのごへんじ》（土餅供養《つちもちくよう》の事《こと》）

御文

（新1837ジペー・全1508ジペー）

法華経《ほけきょう》の第四《だいよん》に云《い》わく「人有《ひとあ》って仏道《ぶつどう》を求《もと》めて、一劫《いっこう》の中《なか》において、合掌《がっしょう》し我《わ》が前《まえ》に在《あ》って、無数《むしゅ》の偈《げ》をもって讃《ほ》めば、この讃仏《さんぶつ》に由《よ》るが故《ゆえ》に、無量《むりょう》の功徳《くどく》を得《え》ん。持経者《じきょうしゃ》を歎《たん》美《み》せば、その福《ふく》はまた彼《かれ》に過《す》ぎん」等云々《とううんぬん》。

文《もん》の心《こころ》は、仏《ほとけ》を一中劫《いっちゅうこう》が間《あいだ》供養《くよう》したてまつれるより、末代《まつだい》悪世《あくせ》の中《なか》に、人《ひと》のあながち《強》ににくむ《憎》法華経《ほけきょう》の行者《ぎょうじゃ》を供養《くよう》する功徳《くどく》はすぐれ《勝》たりととかせ《説》給《たも》う。たれ《誰》の人《ひと》のかかるひが《僻》事《ごと》をばおおせ《仰》らるるぞと疑《うたが》いおもい《思》候《そうら》えば、教主釈尊《きょうしゅしゃくそん》の我《われ》とおおせ《仰》られて候《そうろう》なり。疑《うたが》わんとも、信《しん》ぜんとも、御心《みこころ》にまかせ《任》まいらする。

現代語訳

法華経第4の巻《まき》の法師品《ほっしほん》に「人が仏道《ぶつどう》を求《もと》め、一劫《いっこう》という長《なが》い間《あいだ》、合掌《がっしょう》して我《わ》が前《まえ》（仏《ほとけ》の前《まえ》）にあって無数《むすう》の偈《げ》を唱《とな》えて讃歎《さんたん》すれば、仏《ほとけ》を讃《たた》えたことによって無量《むりょう》の功徳《くどく》を得《え》るであろう。この経《きょう》を受持《じゅじ》する者《もの》を賞讃《しょうさん》する者《もの》は、その福《ふく》は、仏《ほとけ》を讃《たた》えた者《もの》よりもなお勝《すぐ》れるだろう」とある。

この経文《きょうもん》の心は、仏《ほとけ》を一中劫《いっちゅうこう》の間《あいだ》供養《くよう》するよりも、末代悪世《まつだいあくせ》の中《なか》で、人々《ひとびと》が尋常《じんじょう》ならず憎《にく》む「法華経の行者《ぎょうじゃ》」を供養《くよう》する功徳《くどく》の方《ほう》が勝《すぐ》れていると説《と》かれているのである。

だれがそのような僻事《ひがごと》（道理《どうり》に合《あ》わない事《こと》）を述《の》べられているのかと疑《うたが》いに思《おも》ったら、教主釈尊《きょうしゅしゃくそん》が自《みずか》ら仰《おお》せになったのである。それを疑《うたが》おうと信《しん》じようと、あなたのお心《こころ》におまかせする。

時光《ときみつ》の成長《せいちょう》を心《こころ》から喜《よろこ》ばれる

本抄《ほんしょう》は、日蓮大聖人に、ミカンやコンニャク、ゴボウなど真心《まごころ》の品々《しなじな》を供養《くよう》した、若《わか》き南条時光《なんじょうときみつ》に対《たい》する御返事《ごへんじ》であり、文永《ぶんえい》11年（1274年）11月に認《したた》められています。

この年の5月に、大聖人は鎌倉《かまくら》を離《はな》れて身延《みのぶ》に入《はい》られました。それから間《ま》もない7月、16歳《さい》の時光《ときみつ》は燃《も》え上《あ》がる求道《きゅうどう》の心で大聖人の草庵《そうあん》を訪《たず》ねます。

幼《おさな》い頃《ころ》にお会《あ》いして以来《いらい》、およそ10年ぶりの再会《さいかい》でした。

大聖人は、亡《な》き父《ちち》の信仰《しんこう》を受《う》け継《つ》いだ時光《ときみつ》の立派《りっぱ》に成長《せいちょう》した姿《すがた》を、それはそれは喜《よろこ》ばれました〈注2〉。

本抄《ほんしょう》は、その約4カ月後のお手紙《てがみ》であり、大聖人は、後継《こうけい》の青年に対《たい》して未来への限《かぎ》りない期待《きたい》をつづられます。

ここで引用《いんよう》されている法華経の法師品《ほっしほん》の一節《いっせつ》は、ある意味《いみ》で不思議《ふしぎ》な内容《ないよう》の経文《きょうもん》です。

すなわち、法華経を説《と》かれた釈尊《しゃくそん》に対《たい》する供養《くよう》の功徳《くどく》よりも、法華経を受持《じゅじ》する者《もの》、具体的《ぐたいてき》には、末法《まっぽう》の法華経の行者《ぎょうじゃ》に対《たい》する供養《くよう》の功徳《くどく》のほうが大《おお》きいということを示《しめ》されているからです。

そのことを大聖人は、「僻事《ひがごと》（道理《どうり》に合《あ》わない事柄《ことがら》、間違《まちが》った事柄《ことがら》）」とまで仰《おお》せです。

しかし、それは、まさしく法華経に説《と》かれ、教主釈尊《きょうしゅしゃくそん》が述《の》べたことなのです。ゆえに最終的《さいしゅうてき》には、この経文《きょうもん》を信《しん》じるかどうかは、あなた自身《じしん》が考《かんが》えて選《えら》びなさいと仰《おお》せです。

真実《しんじつ》の信仰《しんこう》は「内発《ないはつ》」です。自分《じぶん》で決意《けつい》し、自《みずか》ら選《えら》び取《と》るものです。あくまで大聖人は、時光《ときみつ》が自発的《じはつてき》に、自分《じぶん》で「信《しん》」の道《みち》を進《すす》みゆくことを促《うなが》されたのでしょう。

法師品《ほっしほん》には、誹謗《ひぼう》の罪《つみ》も供養讃歎《くようさんたん》の功徳《くどく》も、釈尊《しゃくそん》に対《たい》するものよりも法華経の持経者《じきょうしゃ》に対《たい》するもののほうが大《おお》きいと示《しめ》されています。まぎれもなく、それこそが釈尊《しゃくそん》の真意《しんい》であり、仏《ほとけ》の仰《おお》せなのです。

「法華経の行者《ぎょうじゃ》」こそ尊貴《そんき》

法華経の流《なが》れを追《お》うと、それまでの人記品《にんきほん》第9で、釈尊在世《しゃくそんざいせ》の声聞《しょうもん》たちの成《じょう》仏《ぶつ》の授記《じゅき》が終《お》わり、この法師品《ほっしほん》第10から内容《ないよう》が一変《いっぺん》し、〝滅後悪世《めつごあくせ》の広宣流布〟が重大《じゅうだい》なテーマとなります。

この主題《しゅだい》を示《しめ》すにあたって、最初《さいしょ》に、悪世《あくせ》に正法《しょうほう》を持《たも》ち、弘通《ぐつう》する者《もの》がいかに尊貴《そんき》であるかが明《あ》かされているのです。

「法《ほう》」という側面《そくめん》から見《み》れば、末法《まっぽう》に法華経の精髄《せいずい》である妙法を弘通《ぐつう》する功《く》徳《どく》がいかに大《おお》きいか。もともと、釈尊《しゃくそん》をはじめ諸仏《しょぶつ》が成仏《じょうぶつ》できたのも、南無妙法蓮華経の力《ちから》です。ですから、この妙法を弘通《ぐつう》する功徳《くどく》は計《はか》り知《し》れません。

一方《いっぽう》で「人《にん》」の側面《そくめん》から見《み》れば、法師品《ほっしほん》では、仏《ほとけ》と同《おな》じ境地《きょうち》を得《え》た誓願《せいがん》の菩《ぼ》薩《さつ》が悪世《あくせ》に法華経を弘通《ぐつう》すると説《と》かれています。本来《ほんらい》なら清浄《しょうじょう》の国土《こくど》に生《う》まれる果報《かほう》を捨《す》てて、自《みずか》ら願《ねが》って人々が苦悩《くのう》に喘《あえ》いでいる娑婆世界《しゃばせかい》〈注3〉に、あえて生《う》まれて民衆救済《みんしゅうきゅうさい》の菩薩《ぼさつ》の実践《じっせん》をするのです。いわゆる「願兼於業《がんけんおごう》」〈注4〉です。

法師品《ほっしほん》に「是《こ》の人《ひと》は則《すなわ》ち如来《にょらい》の使《つか》いにして、如来《にょらい》に遣《つか》わされて、如来の事《じ》を行《ぎょう》ず」（法華経357ジペー）とある如《ごと》く、悪世《あくせ》の法華経弘通《ぐつう》の主人公《しゅじんこう》であり、如来《にょらい》の使《つか》いとして、如来《にょらい》に等《ひと》しい行《おこな》いをするのです。

したがって、末法《まっぽう》の一切衆生《いっさいしゅじょう》から見《み》れば、直接《ちょくせつ》、釈尊《しゃくそん》から教《おし》えを受《う》けるのではなくして、この誓願《せいがん》の菩薩《ぼさつ》たちに縁《えん》することで、仏法に触《ふ》れて、信仰《しんこう》の道《みち》に入《はい》ることができる。だからこそ、末法《まっぽう》の法華経の行者《ぎょうじゃ》こそが最《もっと》も尊貴《そんき》な存在《そんざい》になるのです。

末法《まっぽう》広宣流布の方程式《ほうていしき》

法師品《ほっしほん》は、虚空会《こくうえ》の儀式《ぎしき》〈注5〉が始《はじ》まる前《まえ》であり、したがって地涌《じゆ》の菩薩《ぼさつ》はまだ登場《とうじょう》していません。しかし、釈尊滅後《しゃくそんめつご》の悪世《あくせ》において、願兼於業《がんけんおごう》の菩薩《ぼさつ》たちが法華経の弘教者《ぐきょうしゃ》として出現《しゅつげん》し、苦《くる》しむ人々を救済《きゅうさい》していくことと、大難《だいなん》の逆境《ぎゃっきょう》の中《なか》で法華経を弘通《ぐつう》するという、末法《まっぽう》における広宣流布の方程式《ほうていしき》が示《しめ》されています。

それが、この法師品《ほっしほん》の「猶多怨嫉《ゆたおんしつ》。況滅度後《きょうめつどご》」〈注6〉の原理《げんり》です。続《つづ》く見宝塔品《けんほうとうほん》第11にも「六難九易《ろくなんくい》」〈注7〉、勧持品《かんじほん》第13に「三類の強敵《さんるいのごうてき》」〈注8〉等、濁世末法《じょくせまっぽう》において、正法《しょうほう》を弘《ひろ》めれば必《かなら》ず難《なん》が起《お》こることは、明確《めいかく》に説《と》かれています。

仮に、滅後悪世《めつごあくせ》に色相荘厳《しきそうしょうごん》の仏《ほとけ》〈注9〉が出現《しゅつげん》し、民衆《みんしゅう》を救《すく》おうとすれば、そうした難《なん》は起《お》きないのかもしれません。しかし、それでは、人々にとって、仏《ほとけ》はどこまでも自身《じしん》とかけ離《はな》れた超越的《ちょうえつてき》な存在《そんざい》であり、自分《じぶん》は仏《ほとけ》によって救《すく》われる側《がわ》にいるとしか思《おも》えない。その結果《けっか》、自身《じしん》の内《うち》なる仏性《ぶっしょう》——尊厳性《そんげんせい》に目覚《めざ》めることもできないでしょう。

この濁世《じょくせ》で一人の凡夫《ぼんぷ》が勇敢《ゆうかん》に仏法を説《と》けば、不軽菩薩《ふきょうぼさつ》〈注10〉のように、何《なん》らかの反発《はんぱつ》を受《う》けます。

しかし、不軽《ふきょう》が迫害《はくがい》に屈《くっ》せず、礼拝行《らいはいぎょう》を貫《つらぬ》き通《とお》したように、難《なん》が起《お》きた時《とき》に信心に奮《ふる》い立《た》ち、戦《たたか》ってこそ自身《じしん》の仏性《ぶっしょう》を開《ひら》いて、偉大《いだい》な境涯《きょうがい》を築《きず》いていけるのです。

その苦難《くなん》を勝《か》ち越《こ》えた内面《ないめん》の輝《かがや》きは、周囲《しゅうい》の人々を照《て》らす。やがては反対《はんたい》していた人も、自身《じしん》の内《うち》なる尊厳性《そんげんせい》に目覚《めざ》めていく。そうして、一人また一人と尊極《そんごく》な存在《そんざい》として輝《かがや》いていくのです。まさに生命《せいめい》の宝塔《ほうとう》の林立《りんりつ》です。これが滅《めっ》後《ご》の広宣流布の方程式《ほうていしき》です。

末法悪世《まっぽうあくせ》において、法華経の行者《ぎょうじゃ》として身命《しんみょう》に及《およ》ぶ大難《だいなん》を受ける中で、正法《しょうほう》を弘《ひろ》められたのが大聖人です。

本抄《ほんしょう》では、「そもそも、日蓮《にちれん》は、日本国《にほんこく》をたすけ《助》んとふか《深》くおも《思》えども、日《に》本国《ほんこく》の上下万人一同《じょうげばんにんいちどう》に、国《くに》のほろ《亡》ぶべきゆえにや用《もち》いられざる上《うえ》、度々《たびたび》あだ《怨》をなさるれば、力《ちから》およ《及》ばず、山林《さんりん》にまじ《交》わり候《そうら》いぬ」〈注11〉（新1839ページ・全1509ページ）と述懐《じゅっかい》し、御自身《ごじしん》の真情《しんじょう》と覚悟《かくご》、そして、足跡《そくせき》を時光《ときみつ》に示《しめ》されています。

〝共《とも》に戦《たたか》おう〟との師《し》の呼《よ》びかけ

本抄《ほんしょう》の結《むす》びでは、「二十余年《にじゅうよねん》が間《あいだ》、音《こえ》もおし《惜》まず」（新1840ページ・全1510ページ）正義《せいぎ》を叫《さけ》び続《つづ》けてきたと述《の》べられ、「人《ひと》もそし《謗》り候《そうら》え、ものともおも《思》わぬ法師等《ほっしとう》なり」〈注12〉（同ページ）と仰《おお》せです。

いうならば、法華経の経文通《きょうもんどお》りに行動《こうどう》を起《お》こし、〝私は、この覚悟《かくご》で戦《たたか》ってきた〟と師匠《ししょう》のありのままの姿《すがた》を通して、青年の弟子《でし》に、広布への不屈《ふくつ》の魂《たましい》を伝授《でんじゅ》されているとも拝《はい》されましょう。

師匠《ししょう》が自《みずか》ら民衆救済《みんしゅうきゅうさい》の闘争《とうそう》の真実《しんじつ》を教《おし》えようとされている。それは、とりもなおさず、〝共《とも》に立《た》ち上《あ》がろう〟〝共々《ともども》に戦《たたか》おう〟〝一緒《いっしょ》に勝利《しょうり》しよう〟との呼《よ》びかけともいえるのではないでしょうか。時光《ときみつ》も、大聖人の崇高《すうこう》なお振《ふ》る舞《ま》いを拝《はい》して、深《ふか》き自覚《じかく》に立《た》ったことでしょう。

大聖人の忍難弘通《にんなんぐつう》の御生涯《ごしょうがい》は、一切《いっさい》が民衆《みんしゅう》の幸福《こうふく》のためである――これは、万人成仏《ばんにんじょうぶつ》を説《と》く法華経の精神《せいしん》そのものです。

不惜身命《ふしゃくしんみょう》・死身弘法《ししんぐほう》の尊《とうと》き覚悟《かくご》は、為政者《いせいしゃ》を諫暁《かんぎょう》する時《とき》も変《か》わりません。その一端《いったん》は、『日蓮大聖人御書全集 新版《しんぱん》』に新《あら》たに収録《しゅうろく》された「宿屋入道《やどやのにゅうどう》への再御状《さいごじょう》」〈注13〉にも記《しる》されています。

宿屋入道《やどやのにゅうどう》への再御状《さいごじょう》

御文（新853ジペー）

去《い》ぬる八月《はちがつ》の比《ころ》に愚札《ぐさつ》を進《まい》らせしむるの後《のち》、今月《こんげつ》に至《いた》るも是非《ぜひ》につけて返報《へんぽう》を給《たま》わらず、鬱念散《うつねんさん》じ難《がた》し。悤々《そうそう》の故《ゆえ》に想《そう》亡《ぼう》せしむるか。軽略《けいりゃく》せらるるの故《ゆえ》に、慳《けん》□一行《いちぎょう》か。本文《ほんもん》に云《い》わく「師子《しし》は少兎《しょうと》を蔑《あなど》らず、大象《だいぞう》を畏《おそ》れず」等云々《とううんぬん》。（中略）

仏法《ぶっぽう》を学《まな》ぶの法《ほう》は、身命《しんみょう》を捨《す》て国恩《こくおん》に報《ほう》ぜんがためなり。全《まった》く自身《じしん》のためにあらず。

現代語訳

去《さ》る八月の頃《ころ》に書状《しょじょう》をお送《おく》りした後《のち》、今月《こんげつ》になっても、よきにつけ悪《あ》しきにつけ、ご返事《へんじ》をいただいておらず、私は心を晴《は》らすことができない。ご多忙《たぼう》のために失念《しつねん》されたのであろうか。それとも、軽《かろ》んじられているので、一行《いちぎょう》を記《しる》すことも惜《お》しんでおられるのか〈注14〉。ある本《ほん》（涅槃経《ねはんぎょう》）には「獅子《しし》は、小《ちい》さい兎《うさぎ》を侮《あなど》らず、大《おお》きい象《ぞう》を恐《おそ》れ

ない」などとある。（中略）
仏法を学《まな》ぶ上《うえ》での規範《きはん》は、命《いのち》を捨《す》てて国の恩《おん》に報《むく》いるためである。
全《まった》く自身《じしん》のためではない。

「身《み》のためにこれを申《もう》さず」

文永《ぶんえい》5年（1268年）の閏《うるう》1月、蒙古《もうこ》から服従《ふくじゅう》を迫《せま》る国書《こくしょ》が到来《とうらい》して、鎌《かま》倉幕府《くらばくふ》は騒然《そうぜん》とします。大聖人が「立正安国論《りっしょうあんこくろん》」で予言《よげん》した「他国侵逼難《たこくしんぴつなん》」が現実《げんじつ》のものとなったのです。

大聖人は、宿屋入道《やどやのにゅうどう》〈注15〉を介《かい》して、新《あたら》しく執権《しっけん》になった北条時宗《ほうじょうときむね》に再《さい》度《ど》、諫暁《かんぎょう》の行動《こうどう》を開始《かいし》されます。

しかし、同年《どうねん》8月の「宿屋入道《やどやのにゅうどう》への御状《ごじょう》」（新852ページ・全169ページ）でもうかがわれるように、幕府《ばくふ》からの反応《はんのう》はありませんでした。そこで、翌《よく》9月に状況《じょうきょう》打開《だかい》のために早《はや》く奏上《そうじょう》して手《て》を打《う》つように宿屋入道《やどやのにゅうどう》に呼《よ》びかけられたのが、この「再御状《さいごじょう》」です。

鎌倉幕府《かまくらばくふ》の権力者《けんりょくしゃ》に対《たい》して、まさしく師子王《ししおう》の言論戦《げんろんせん》を展開《てんかい》されたのです。その中《なか》で「仏法を学《まな》ぶ上《うえ》での規範《きはん》は、命《いのち》を捨《す》てて国の恩《おん》に報《むく》いるためである。全《まった》く自身《じしん》のためではない」と強調《きょうちょう》されています。

これは、大聖人の一貫《いっかん》した姿勢《しせい》です。

「ただひとえに、国《くに》のため、法《ほう》のため、人《ひと》のためにして、身《み》のためにこれを申《もう》さず」（安国論御勘由来《あんこくろんごかんゆらい》、新49ジペー・全35ジペー）

「身《み》のためにこれを申《もう》さず。神《かみ》のため、君《きみ》のため、国《くに》のため、一切衆生《いっさいしゅじょう》のために言上《ごんじょう》せしむるところなり」（北条時宗《ほうじょうときむね》への御状《ごじょう》、新855ジペー・全170ジペー）

大聖人は、どこまでも「無私《むし》の大人《たいじん》」であられました。

御自分《ごじぶん》のことでなく、ただただ民衆《みんしゅう》の安穏《あんのん》と幸福《こうふく》のため、平和《へいわ》な社会《しゃかい》を築《きず》くために、一身《いっしん》を賭《と》して為政者《いせいしゃ》に火《ひ》を吐《は》くような諫暁《かんぎょう》をなされたのです。同時《どうじ》に、南条時光《なんじょうときみつ》へのお手紙《てがみ》のように、一人一人の門下《もんか》に対《たい》して、どこまでも温《あたた》かく包《つつ》み込《こ》むように慈愛《じあい》で接《せっ》していかれます。

どちらも慈悲《じひ》の発露《はつろ》です。どちらも法華経の精神《せいしん》の実践《じっせん》であり、立正安国《りっしょうあんこく》を実現《じつげん》するための戦《たたか》いです。そして、民衆《みんしゅう》を守《まも》るために、仏法に違背《いはい》した邪義《じゃぎ》を呵責《かしゃく》し、民《たみ》の嘆《なげ》きを忘《わす》れた権力者《けんりょくしゃ》を大言論戦《だいげんろんせん》で鋭《するど》くただす。仏法を根本《こんぽん》とする大闘争《だいとうそう》を貫《つらぬ》かれたのです。

後継《こうけい》の青年が立《た》ち上《あ》がる

若《わか》き弟子《でし》として立《た》った南条時光《なんじょうときみつ》も、後年《こうねん》、周囲《しゅうい》から圧迫《あっぱく》を受《う》けます。

建治《けんじ》3年（1277年）5月に与《あた》えられた「上野殿御返事《うえのどのごへんじ》（梵帝御計《ぼんたいおんはか》らいの事《こと》）」（新1864ジペー・全1537ジペー）では、時光《ときみつ》が周《まわ》りから法華経を捨《す》てるように迫《せま》られたことに対《たい》して、「猶多怨嫉《ゆたおんしつ》。況滅度後《きょうめつどご》」の大難《だいなん》が必然《ひつぜん》であるゆえに、毅然《きぜん》たる態度《たいど》で臨《のぞ》み、断固《だんこ》として魔性《ましょう》の勢力《せいりょく》に対峙《たいじ》していくようにと御指導《ごしどう》されています。

一年また一年、時光《ときみつ》は大聖人の訓育《くんいく》を受《う》け切《き》り、後継《こうけい》の青年らしく戦《たたか》い抜《ぬ》きました。

その一つの頂点《ちょうてん》となったのが、「熱原《あつはら》の法難《ほうなん》」〈注16〉です。この時《とき》に、時光《ときみつ》は迫害《はくがい》された同志《どうし》をかくまうなど、師子奮迅《ししふんじん》で立《た》ち上《あ》がります。

その激闘《げきとう》を賞讃《しょうさん》された御文《ごもん》が、「上野殿御返事《うえのどのごへんじ》（竜門御書《りゅうもんごしょ》）」の末尾《まつび》にある「上野賢人殿《うえのけんじんどの》」（新1895ページ・全1561ページ）の一言《いちごん》です。21歳《さい》の青年に、「賢《けん》人《じん》」と贈《おく》られているのです。

あの劇的《げきてき》な再会《さいかい》から、5年がたっていました。〝よくぞ一緒《いっしょ》に戦《たたか》ってくれた〟との師《し》の大激励《だいげきれい》でもありましょう。

仏法の師弟《してい》は、共《とも》に偉大《いだい》な理想《りそう》を持《も》ち、共《とも》に同《おな》じ道《みち》を歩《あゆ》む実践《じっせん》にあります。

法華経の「在在諸仏土《ざいざいしょぶつど》　常与師俱生《じょうよしくしょう》」〈注17〉との一節《いっせつ》は、師《し》も弟子《でし》も同《おな》じ民《みん》衆救済《しゅうきゅうさい》の菩薩行《ぼさつぎょう》を、三世永遠《さんぜえいえん》に貫《つらぬ》き通《とお》す共戦《きょうせん》の誓願《せいがん》の言葉《ことば》です。

共《とも》に大願《だいがん》に生《い》き抜《ぬ》く人生《じんせい》を

大聖人は南条時光《なんじょうときみつ》に呼《よ》びかけられました。

「願《ねが》わくは、我《わ》が弟《で》子《し》等《ら》、大願《だいがん》をおこ《起》せ。（中略）お《同》なじくは、か《仮》りにも法華《ほけ》経《きょう》のゆえに命《いのち》をす《捨》てよ。つ《露》ゆを大海《たいかい》にあつらえ、ち《塵》りを大地《だいち》にう《埋》ずむとお《思》もえ。法華経《ほけきょう》の第三《だいさん》に云《い》わく『願《ねが》わくはこの功徳《くどく》をもって、あまねく一切《いっさい》に及《およ》ぼし、我《われ》らと衆生《しゅじょう》と、皆共《みなとも》に仏道《ぶつどう》を成《じょう》ぜん』云々《うんぬん》」（新1895ページ・全1561ページ）

「大願《だいがん》」を掲《かか》げ持《も》つ人生《じんせい》。それは、自分《じぶん》の境涯《きょうがい》を大《おお》きく築《きず》き上《あ》げます。

「大願《だいがん》」に生《い》き抜《ぬ》く人生《じんせい》。それは、自身《じしん》の無限《むげん》の可能性《かのうせい》を広々《ひろびろ》と開《ひら》きます。

「大願《だいがん》」を友《とも》と分《わ》かち合《あ》う人生《じんせい》。それは、晴《は》れ晴《ば》れと友情《ゆうじょう》を広《ひろ》げ、信頼《しんらい》の絆《きずな》を結《むす》び、自他共《じたとも》の尊厳性《そんげんせい》を輝《かがや》かせます。

戸田先生はよく言《い》われました。

「理想《りそう》が大《おお》きければ大《おお》きいほど、人生《じんせい》は大《おお》きくなる。苦労《くろう》なくして真《しん》の指導《しどう》者《しゃ》は育《そだ》たない」

まさに「皆共《みなとも》に仏道《ぶつどう》を成《じょう》ぜん」です。同志《どうし》と共《とも》に広宣流布に生《い》き、一緒《いっしょ》に菩薩《ぼさつ》の実践《じっせん》を貫《つらぬ》き通《とお》すなかで、エゴに囚《とら》われた小我《しょうが》を破《やぶ》り、悠然《ゆうぜん》と大我《たいが》に生《い》き抜《ぬ》く、確固《かっこ》たる真《しん》の自分自身《じぶんじしん》を打《う》ち立《た》てていけるのです。三世永遠《さんぜえいえん》に崩《くず》れざる「心の財《たから》」を積《つ》み上《あ》げながら、悔《く》いなき凱歌《がいか》の人生《じんせい》を、晴《は》れ晴《ば》れと、また堂々《どうどう》と歩《あゆ》むことができるのです。

これこそが、信仰《しんこう》を持《たも》つ本源的《ほんげんてき》な意味《いみ》です。この確《たし》かにして不滅《ふめつ》の幸福《こうふく》の軌《き》道《どう》を、青年時代《じだい》に知《し》り、人類社会《じんるいしゃかい》に貢献《こうけん》する大道《だいどう》を悠々《ゆうゆう》と進《すす》むことができる。迷《まよ》いのない、確信《かくしん》の青春《せいしゅん》の日々《ひび》を送《おく》れる。これ以上《いじょう》の福徳《ふくとく》はありません。

大《おお》いなる理想《りそう》を掲《かか》げ、苦労《くろう》をいとわぬ、わが創価の青年こそ、人類《じんるい》の未来を担《にな》う宝《たから》です。皆《みな》さんに対《たい》する期待《きたい》は、ますます大《おお》きくなっています。

「生命尊厳《せいめいそんげん》」の思想《しそう》を時代《じだい》の旗《はた》に

ドイツ語版御書《ごばん》の刊行《かんこう》にあたって監修《かんしゅう》してくださった、シュミット・グリンツァー博士〈注18〉は、こう述《の》べています。

「日蓮は『人はどのような逆境《ぎゃっきょう》にあっても、希望《きぼう》と確信《かくしん》を持《も》ち続《つづ》けることができる』という洞察《どうさつ》を、自《みずか》らの生き方を通《つう》じて証明《しょうめい》したのです。そうした『仏《ほとけ》の生命《せいめい》』が万人《ばんにん》に内在《ないざい》しているならば、私たちは、これを顕現《けんげん》していく必要《ひつよう》があります」と。

博士は、ヨーロッパの文化《ぶんか》の土壌《どじょう》にあっても、日蓮仏法は深《ふか》い理解《りかい》を得《え》て、仏法の菩薩《ぼさつ》の思想《しそう》が社会《しゃかい》を良《よ》く変《か》えていけると深《ふか》く洞察《どうさつ》してこられました。

そして、「創価学会は、志《こころざし》を同《おな》じくする個人《こじん》や団体《だんたい》と協力《きょうりょく》しながら、個人《こじん》の幸福《こうふく》と世界平和《せかいへいわ》の実現《じつげん》、すなわち『自他共《じたとも》の幸福《こうふく》』を目指《めざ》しています」と評価《ひょうか》してくださっています。

世界の知性《ちせい》の眼《まなこ》は、「生命尊厳《せいめいそんげん》」の思想《しそう》を時代《じだい》の旗《はた》に掲《かか》げゆく学会の人類社《じんるいしゃ》会《かい》への貢献《こうけん》を鋭《するど》く正視《せいし》されているのです。

地球《ちきゅう》の明日《あした》を照《て》らす勇者《ゆうしゃ》に

戸田先生は、語《かた》られました。

「青年の特徴《とくちょう》は『情熱《じょうねつ》』と『思索《しさく》』だ。これがあれば、年をとらない」

創価の青年の若々《わかわか》しい情熱《じょうねつ》と力《ちから》、思索《しさく》、そして連帯《れんたい》と行動《こうどう》こそ、地球《ちきゅう》の明日《あした》を照《て》らす希望《きぼう》です。

世界は、未来に向《む》かって限《かぎ》りなく価値《かち》を創造《そうぞう》するための「哲学《てつがく》」を希求《ききゅう》しています。

いよいよ、創価の青年の時代《じだい》です。

戦《たたか》う時は、今《いま》です。若《わか》き地涌《じゆ》の勇者《ゆうしゃ》たちの成長《せいちょう》と勝利《しょうり》と栄光《えいこう》を、深《ふか》く祈《いの》っています。

[注　解]

〈注1〉【上野殿御返事《うえのどのごへんじ》（土餅供養の事《つちもちくようのこと》）】文永《ぶんえい》11年（1274年）11月11日、南条時光《なんじょうときみつ》が身延《みのぶ》の日蓮大聖人のもとへ種々《しゅじゅ》の食糧《しょくりょう》を御供養申《ごくようもう》し上《あ》げたことに対《たい》する御返事《ごへんじ》。末法《まっぽう》の法華経の行者《ぎょうじゃ》を供養《くよう》する功徳《くどく》を説《と》き、南条父子《なんじょうふし》の2代《だい》にわたる信心をたたえられている。

〈注2〉文永《ぶんえい》11年（1274年）7月26日に、上野尼《うえののあま》・南条時光《なんじょうときみつ》へ送《おく》られた「上野殿御返事《うえのどのごへんじ》（故《こ》上野殿追善の事《うえのどのついぜんのこと》）」には、「おん《御》かた《形》み《見》に御《おん》み《身》をわか《若》くしてとど《留》めお《置》かれけるか。すがた《姿》のたが《違》わせ給《たま》わぬに、御心《みこころ》さえに《似》られけること、い《言》うばかりなし」（新1836㌻・全1507㌻）と仰《おお》せられている。

〈注3〉【娑婆世界《しゃばせかい》】娑婆《しゃば》はサンスクリットのサハーの音写《おんしゃ》で「堪忍《かんにん》」などと訳《やく》される。迷《まよ》いと苦《く》難《なん》に満《み》ちていて、それを堪《た》え忍《しの》ばなければならない世界、すなわち、われわれが住《す》むこの現実《げんじつ》世界のこと。

〈注4〉【願兼於業《がんけんおごう》】「願《がん》、業《ごう》を兼《か》ぬ」と読《よ》み下《くだ》す。本来《ほんらい》、修行《しゅぎょう》の功徳《くどく》によって安楽《あんらく》な境涯《きょうがい》に生《う》まれるべきところを、苦悩《くのう》に沈《しず》む民衆《みんしゅう》を救済《きゅうさい》するために、自《みずか》ら願《ねが》って、悪世《あくせ》に生《う》まれること。法華経法師品《ほっしほん》第10には、「是《こ》の人《ひと》は自《みずか》ら清浄《しょうじょう》の業報《ごっぽう》を捨《す》てて、我滅度《われめつど》して後《のち》に於《お》いて、衆生《しゅじょう》を愍《あわ》れむが故《ゆえ》に、悪世《あくせ》に生《う》まれて、広《ひろ》く此《こ》の経《きょう》を演《の》ぶ」(法華経357ページ)と説《と》かれている。

〈注5〉【虚空会《こくうえ》の儀式《ぎしき》】虚空会《こくうえ》で行《おこな》われた付嘱《ふぞく》の儀式《ぎしき》のこと。法華経の見宝塔品《けんほうとうほん》第11から嘱累品《ぞくるいほん》第22までの説法《せっぽう》の会座《えざ》は、仏《ほとけ》と全聴衆《ぜんちょうしゅう》が虚空《こくう》にあるなかで行《おこな》われたので「虚空会《こくうえ》」という。見宝塔品《けんほうとうほん》で宝塔《ほうとう》が出現《しゅつげん》した後《のち》、従地涌出品《じゅうじゆじゅっぽん》第15で地涌《じゆ》の菩薩《ぼさつ》が大地《だいち》の底《そこ》から召《め》し出《い》だされ、如来神力品《にょらいじんりきほん》第21で上首《じょうしゅ》・上行菩薩《じょうぎょうぼさつ》をはじめとする地涌《じゆ》の菩薩《ぼさつ》に、滅後《めつご》の弘教《ぐきょう》が付嘱《ふぞく》された。

〈注6〉【猶多怨嫉《ゆたおんしつ》。況滅度後《きょうめつどご》】法華経法師品《ほっしほん》第10に「而《しか》も此《こ》の経《きょう》は、如来《にょらい》の現《げん》に在《いま》すら猶怨嫉《なおおんしつ》多《おお》し。況《いわ》んや滅度《めつど》して後《のち》をや」(法華経362ページ)とある。この法華経を説《と》く時《とき》は釈尊《しゃくそん》の在《ざい》世《せ》でさえ、なお怨嫉《おんしつ》(反発《はんぱつ》、敵対《てきたい》)が強《つよ》いのだから、ましてや、釈尊《しゃくそん》が入滅《にゅうめつ》した後《のち》においてより多《おお》くの怨嫉《おんしつ》を受《う》けるのは当然《とうぜん》である、との意《い》。

〈注7〉【六難九易《ろくなんくい》】法華経見宝塔品《けんほうとうほん》第11で、釈尊滅後《しゃくそんめつご》における法華経を受持《じゅじ》し弘通《ぐつう》する困難《こんなん》さを六つ挙《あ》げ、その困難《こんなん》さを示《しめ》すために九つの難事《なんじ》を、むしろ易《やさ》しいこととして示《しめ》されている(法華経390ページ〜)。

〈注8〉【三類《さんるい》の強敵《ごうてき》】釈尊滅後《しゃくそんめつご》の悪世《あくせ》で法華経を弘通《ぐつう》する人《ひと》を迫害《はくがい》する3種類《しゅるい》の強敵《ごうてき》。①俗衆増《ぞくしゅぞう》上慢《じょうまん》(在家《ざいけ》の迫害者《はくがいしゃ》)②道門増上慢《どうもんぞうじょうまん》(出家《しゅっけ》の迫害者《はくがいしゃ》)③僭聖増上慢《せんしょうぞうじょうまん》(迫害《はくがい》の元凶《げんきょう》となる高《こう》僧《そう》)。

〈注9〉【色相荘厳《しきそうしょうごん》の仏《ほとけ》】「しきそうそうごんのほとけ」とも読《よ》む。仏《ほとけ》が衆生《しゅじょう》を化導《けどう》する一つの手《しゅ》段《だん》。衆生《しゅじょう》に仏《ほとけ》への恋慕《れんぼ》、尊崇《そんすう》の念《ねん》を起《お》こさせるために三十二相《そう》八十種好《しゅこう》などの超人的《ちょうじんてき》な特《とく》徴《ちょう》をそなえた荘厳《そうごん》な姿《すがた》の仏《ほとけ》。「色相《しきそう》」は外形《がいけい》にあらわれた身体《しんたい》の相貌《そうみょう》。「荘厳《しょうごん》」は飾《かざ》ること。

〈注10〉【不軽菩薩《ふきょうぼさつ》】法華経常不軽菩薩品《じょうふきょうぼさつほん》第20に説《と》かれる菩薩《ぼさつ》。釈尊《しゃくそん》の過去世《かこせ》の姿《すがた》で、威音王仏《いおんのうぶつ》の像法時代《ぞうほうじだい》の末《まつ》に、「私はあなたたちを敬《うやま》う。なぜなら、あなたたちは菩薩《ぼさつ》の修行《しゅぎょう》をして、必《かなら》ず、仏《ほとけ》になるからです」(漢文《かんぶん》の経文《きょうもん》が24字《じ》の漢字《かんじ》から成《な》ることから「二十四文字《もじ》の法華経」といわれる)を説《と》き、万人《ばんにん》を礼拝《らいはい》した。慢心《まんしん》の出家在家《しゅっけざいけ》の男女から悪口罵詈《あっくめり》や杖木瓦《じょうもくが》石《しゃく》の迫害《はくがい》を受《う》けたが、礼拝行《らいはいぎょう》を貫《つらぬ》き通《とお》した。その修行《しゅぎょう》が因《いん》となって成仏《じょうぶつ》した。

〈注11〉現代語訳＝そもそも日蓮は、日本国を助《たす》けようと深《ふか》く思《おも》うけれども、日本国の上下万人《じょうげばんにん》は、この国がもはや亡《ほろ》ぶことになっているからであろうか、一同《いちどう》に日蓮を用《もち》いないうえに、度々《たびたび》、迫害《はくがい》を加《くわ》えるので、力《ちから》が及《およ》ばず、山林《さんりん》に入《はい》ったのである。

〈注12〉現代語訳＝人が謗《そし》るであろうが、我《われ》ら日蓮一門《いちもん》は、それらを、ものとも思《おも》わぬ法師等《ほっしとう》である。

〈注13〉【宿屋入道《やどやのにゅうどう》への再御状《さいごじょう》】蒙古襲来《もうこしゅうらい》が現実味《げんじつみ》を帯《お》びてきた文永《ぶんえい》5年（1268年）、日蓮大聖人は宿屋入道《やどやのにゅうどう》を介《かい》して、時《とき》の執権《しっけん》・北条時宗《ほうじょうときむね》に諫暁《かんぎょう》を行《おこな》おうとした。本書《ほんしょ》は、前月《ぜんげつ》の手《て》紙《がみ》（「宿屋入道《やどやのにゅうどう》への御状《ごじょう》」）に反応《はんのう》がないことから、再度《さいど》、書状《しょじょう》を認《したた》められたもの。

〈注14〉御書原文《げんぶん》「慳《けん》□一行《いちぎょう》」の□は欠字《けつじ》のため、意味《いみ》は明《あき》らかではない（読《よ》み仮名《がな》は仮《かり》として入《い》れた）。現代語訳は、文脈《ぶんみゃく》から推定《すいてい》したが、解釈《かいしゃく》は定《さだ》まらない。

〈注15〉【宿屋入道《やどやのにゅうどう》】生没年不詳《せいぼつねんふしょう》。北条時頼《ほうじょうときより》・時宗《ときむね》の執権《しっけん》二代《だい》に仕《つか》えた得宗被官《とくそうひかん》。特《とく》に時頼《ときより》の側近《そっきん》として重《おも》きをなした。

〈注16〉【熱原《あつはら》の法難《ほうなん》】建治《けんじ》元年（１２７５年）ごろから弘安《こうあん》６年（１２８３年）ごろにわたって、駿河国《するがのくに》（静岡県中央部《ちゅうおうぶ》）の熱原地域《あつはらちいき》で日蓮大聖人門下《もんか》が受《う》けた法難《ほうなん》。

〈注17〉【在在諸仏土《ざいざいしょぶつど》　常与師倶生《じょうよしくしょう》】法華経化城喩品《けじょうゆほん》第７には、「在在《いたるところ》の諸仏《しょぶつ》の土《ど》に　常《つね》に師《し》と倶《とも》に生《しょう》ず」（法華経３１７ページ）とある。師匠《ししょう》と弟子《でし》は、下種《げしゅ》の結縁《けちえん》によって、あらゆる仏国土《ぶっこくど》にあって、いつも一緒《いっしょ》に生《う》まれるということ。

〈注18〉【シュミット・グリンツァー博士】１９４８年〜。テュービンゲン大学教授《きょうじゅ》。１９７３年、ルートヴィヒ・マクシミリアン大学で博士号を取得《しゅとく》。東アジア文学・文化研究《けんきゅう》の大家《たいか》で、２０１４年に発刊《はっかん》されたドイツ語版《ごばん》「御書」第１巻を監修《かんしゅう》した。ヴォルフェンビュッテル市《し》のヘルツォーク・アウグスト図書館館長《としょかんかんちょう》、ゲッティンゲン大学教授等《きょうじゅとう》を歴任《れきにん》。博士の発言は、聖教新聞２０２１年３月30日付。

生死《しょうじ》の大海《たいかい》を渡《わた》る船《ふね》

1947年（昭和22年）の8月、戸田城聖《じょうせい》先生に私は初《はじ》めてお会《あ》いしました。運命的《うんめいてき》な師弟《してい》の出発点《しゅっぱつてん》となった座談会《ざだんかい》で講義《こうぎ》されていた御書は、「立正安国論《りっしょうあんこくろん》」です。

「正《ただ》しい人生《じんせい》とは」と質問《しつもん》した19歳《さい》の私に、恩師《おんし》は語《かた》ってくださいました。生老病死《しょうろうびょうし》〈注1〉という根本《こんぽん》の悩《なや》みを、誰《だれ》もが打開《だかい》して、必《かなら》ず正《ただ》しい人生《じんせい》を送《おく》れるのが、日蓮大聖人の仏法である――と。

終戦《しゅうせん》からまだ2年。誰《だれ》もが、その日その日を生《い》きていくことで精《せい》いっぱいでした。当時《とうじ》、ある世論調査《よろんちょうさ》で、「収入《しゅうにゅう》だけで暮《く》らせない家庭《かてい》」が9割《わり》と報《ほう》じられていたことが思《おも》い出《だ》されます。

まさに混迷《こんめい》の極《きわ》みのなかで、戸田先生は、人類《じんるい》の苦悩《くのう》の闇《やみ》を照《て》らし晴《は》らすため、ただお一人から広宣流布の戦《たたか》いを開始《かいし》されていたのです。

激動《げきどう》を生《い》き抜《ぬ》く希望《きぼう》の仏法

私には、大切《たいせつ》にしている一枚《まい》の紙《かみ》があります。戸田先生からの講義《こうぎ》の修了証書《しゅうりょうしょうしょ》です。

今《いま》でもそれを手《て》にした時《とき》の、恩師《おんし》の慈愛《じあい》の眼差《まなざ》しと、確信《かくしん》の声《こえ》が鮮《あざ》やかに蘇《よみがえ》ります。

この証書《しょうしょ》こそ、恩師《おんし》から日蓮仏法という「世界平和《へいわ》」と「永遠《えいえん》の幸福《こうふく》」の最《さい》極《ごく》の哲理《てつり》を授《さず》かった証《あか》しとなるものだと、私は、大きな誇《ほこ》りと感謝《かんしゃ》をもって拝《はい》受《じゅ》しました。

大聖人は「持《たも》たるる法《ほう》だに第一《だいいち》ならば、持《たも》つ人随《ひとしたが》って第一《だいいち》なるべし」（新516ページ・全465ページ）と仰《おお》せです。

その人がいかなる信仰《しんこう》、哲学《てつがく》を持《も》ち、行動《こうどう》していくか——心の基底部《きていぶ》に確《かく》たる哲学《てつがく》を持《も》たなければ、人生《じんせい》と社会《しゃかい》の激流《げきりゅう》に押《お》し流《なが》されてしまいかねません。人格《じんかく》の芯《しん》に宇宙《うちゅう》の法則《ほうそく》と合致《がっち》する根源《こんげん》の哲理《てつり》を持《たも》った人は、「第一《だいいち》なるべし」との御文《ごもん》の通《とお》り、必《かなら》ず最後《さいご》は、これ以上ない勝利《しょうり》の人生《じんせい》を飾《かざ》っていけるのです。

最極《さいごく》の生命哲理《せいめいてつり》を学《まな》ぶ喜《よろこ》び

今秋《こんしゅう》（2022年11月）、全国各地《ぜんこくかくち》で待望《たいぼう》の教学部任用試験《きょうがくぶにんようしけん》（仏法入門《にゅうもん》）が行《おこな》われます。今回《こんかい》、挑戦《ちょうせん》する方々《かたがた》にとっては、「宿命転換《しゅくめいてんかん》」「転重軽受《てんじゅうきょうじゅ》」「願兼於業《がんけんおごう》」〈注2〉等《とう》、初《はじ》めて目《め》にする難解《なんかい》な仏法用語《ようご》が少《すく》なくないかもしれません。

ですが、仏法は最極《さいごく》の生命哲理《せいめいてつり》であり、激動《げきどう》の乱世《らんせい》を照《て》らす希望《きぼう》の英知《えいち》の光《ひかり》です。学《まな》べば学《まな》ぶほど、人生《じんせい》の幸福勝利《こうふくしょうり》の扉《とびら》を広々《ひろびろ》と開《ひら》いていけるのです。仏法の探究《たんきゅう》は、内《うち》なる生命《せいめい》の境涯《きょうがい》を広《ひろ》げ、豊《ゆた》かにしてくれます。

御書は、人間自身《じしん》の究極《きゅうきょく》の尊厳性《そんげんせい》に目覚《めざ》め、一切《いっさい》の困難《こんなん》を乗《の》り越《こ》えていく勇《ゆう》気《き》の源泉《げんせん》です。

教学《きょうがく》は確固《かっこ》たる智慧《ちえ》の柱《はしら》を築《きず》き、自在《じざい》に価値創造《かちそうぞう》していく原動力《げんどうりょく》です。

至高《しこう》の生命《せいめい》の法理《ほうり》を学《まな》ぶことは、歓喜《かんき》があり、必《かなら》ず大《おお》きな人生《じんせい》の転機《てんき》となる。そして、学《まな》んでいく人も、教《おし》えてくれる人も皆共《みなとも》に、栄光凱歌《えいこうがいか》の人間学の博士となっていくのです。

戸田先生は、仏法を持《たも》った私たちは〝「信心の王者《おうじゃ》」「人生《じんせい》の皇帝《こうてい》」「生命《せいめい》の帝王《ていおう》」なり〟と、よく励《はげ》まされていました。

さあ、人生《じんせい》の羅針盤《らしんばん》たる仏法を、木陰《こかげ》で涼風《りょうふう》に吹《ふ》かれながら語《かた》らうように、心広々《ひろびろ》と学《まな》んでいきましょう。

椎地四郎殿御書《しいじのしろうどのごしょ》

（新1721ページ・全1448ページ）

御文

この経《きょう》を一文一句《いちもんいっく》なりとも聴聞《ちょうもん》して神《たましい》にそめ《染》ん人《ひと》は、生死《しょうじ》の大海《たいかい》を渡《わた》るべき船《ふね》なるべし。妙楽大師《みょうらくだいし》云《い》わく「一句《いっく》も神《たましい》に染《そ》めぬれば、ことごとく彼岸《ひがん》を資《たす》く。思惟《しゆい》・修習《しゅじゅう》すれば、永《なが》く舟航《しゅうこう》に用《ゆう》たり」云々《うんぬん》。生死《しょうじ》の大海《たいかい》を渡《わた》らんことは、妙法蓮華経《みょうほうれんげきょう》の船《ふね》にあらずんば、か《叶》なうべからず。

現代語訳

この経《きょう》（法華経）を一文一句《いちもんいっく》であっても聴聞《ちょうもん》して心肝《しんかん》に染《そ》める人は、

生死《しょうじ》の大海《たいかい》を渡《わた》ることのできる船《ふね》のようなものである。

妙楽大師《みょうらくだいし》は「一句《いっく》でも心肝《しんかん》に染《そ》めれば、全《すべ》て覚《さと》りの岸《きし》に至《いた》ることを助《たす》ける。さらに、思索《しさく》し習《なら》い修《おさ》めるなら、生死《しょうじ》の大海《たいかい》を渡《わた》る舟《ふね》としての働《はたら》きを永《なが》く果《は》たすであろう」と言《い》っている。

生死《しょうじ》の大海《たいかい》を渡《わた》るのは、妙法蓮華経の船《ふね》でなければ叶《かな》わないのである。


最初《さいしょ》に、「椎地四郎殿御書《しいじのしろうどのごしょ》」〈注3〉の一節《いっせつ》を拝《はい》します。

「生《い》きる」ということは、ある意味《いみ》で、苦悩《くのう》の連続《れんぞく》と言《い》っても過言《かごん》ではありません。いわんや、今日《こんにち》のような激動《げきどう》の時代《じだい》にあって、自分《じぶん》一人ではままならない試練《しれん》に直面《ちょくめん》している人も多《おお》いでしょう。

本抄《ほんしょう》は、そうした苦難《くなん》が打《う》ち続《つづ》く荒波《あらなみ》の人生《じんせい》をも、大《おお》いなる境涯《きょうがい》で希望《きぼう》に燃《も》えて勝《か》ち進《すす》む信心を明《あ》かされている一書《いっしょ》です。

冒頭《ぼうとう》ではまず、椎地四郎《しいじのしろう》から寄《よ》せられた報告《ほうこく》の正確《せいかく》さを讃《たた》えた上《うえ》で、「大難《だいなん》来《きた》りなば、強盛《ごうじょう》の信心《しんじん》いよいよ悦《よろこ》びをなすべし」「大難《だいなん》なくば、法華経《ほけきょう》の行者《ぎょうじゃ》にはあらじ」（新1720ページ・全1448ページ）と、難《なん》を乗《の》り越《こ》える覚悟《かくご》の信心を教《おし》えられます。さらに「過去《かこ》の宿縁《しゅくえん》ふかし」（同ページ）と思《おも》い、「如来《にょらい》の使《つか》い」（同ページ）として尊《とうと》き使命《しめい》に生《い》き抜《ぬ》くよう示《しめ》されます。

それに続《つづ》いて、妙法を持《たも》つ人は、あらゆる試練《しれん》を勝《か》ち越《こ》えて、絶対《ぜったい》に成仏《じょうぶつ》を果《は》たせると励《はげ》まされているのが、ここで学《まな》ぶ箇所《かしょ》です。

誰《だれ》も避《さ》けられない生死流転《しょうじるてん》の苦悩《くのう》

「生老病死《しょうろうびょうし》」の四苦《しく》は誰人《たれびと》も避《さ》けられません。仏法では、「生死《しょうじ》」を根源《こんげん》の苦《くる》しみとして捉《とら》えています。

とりわけ大聖人の御在世《ございせ》は、災害《さいがい》や飢饉《ききん》、疫病《えきびょう》、戦乱《せんらん》が打《う》ち続《つづ》き、「立正安《りっしょうあん》国論《こくろん》」に「悲《かな》しまざるの族《やから》あえて一人《いちにん》も無《な》し」（新24ページ・全17ページ）とまで記《しる》されたごとく、民衆《みんしゅう》は苦悩《くのう》の海《うみ》を、なすすべもなく漂《ただよ》っていました。大聖人は、「独《ひと》りこのことを愁《うれ》いて胸臆《くおく》に憤悱《ふんぴ》」（新25ページ・全17ページ）されたのです。

ここで拝《はい》する御文《ごもん》では、果《は》てしなく続《つづ》く生死流転《しょうじるてん》の苦悩《くのう》を、「生死《しょうじ》の大海《たいかい》」と譬《たと》えられています。それは、見渡《みわた》す限《かぎ》り波《なみ》が逆巻《さかま》き、暗《くら》く、そして、深《ふか》く底《そこ》知《し》れない海《うみ》です。

どうすれば、人は、この苦悩《くのう》に荒《あ》れ狂《くる》う大海《たいかい》を渡《わた》り切《き》って、成仏《じょうぶつ》の岸《きし》である彼岸《ひがん》に到達《とうたつ》できるのか。

ここでは、妙楽大師《みょうらくだいし》〈注4〉の『法華文句記《ほっけもんぐき》』を引《ひ》かれながら、法華経を一文一句《いち もんいっく》でも聴聞《ちょうもん》し、心肝《しんかん》に染《そ》める人は、生死《しょうじ》の大海《たいかい》を渡《わた》る船《ふね》に乗《の》ることができると仰《おお》せです。この法華経の「一文一句《いちもんいっく》」との真意《しんい》は、あらゆる諸仏《しょぶつ》を成仏《じょうぶつ》させる根源《こんげん》の一法《いっぽう》である「妙法蓮華経」のことです。

〝心肝《しんかん》に染《そ》める〟とは、日々《ひび》たゆまず、自行化他《じぎょうけた》にわたって唱題に励《はげ》むことです。藍染《あいぞ》めが何度《なんど》も染《そ》めることで、より鮮《あざ》やかな青色《あおいろ》になるように、繰《く》り返《かえ》すことで、わが生命《せいめい》を仏界《ぶっかい》に染《そ》め上《あ》げていくのです。「従藍而青《じゅうらんにしょう》」〈注5〉の譬《たと》えの通《とお》りです。どこまでも、信行学《しんぎょうがく》の基本《きほん》に徹《てっ》することが、法華経を心肝《しんかん》に染《そ》めることになるのは、いうまでもありません。

戸田先生は、「仏法で学《まな》んだことは、どしどし口《くち》に出《だ》して話《はな》しなさい。そうすれば、やがて身《み》につくものです」とも言《い》われていました。

絶《た》えず、水《みず》の流《なが》れるがごとく、不退《ふたい》の信心を貫《つらぬ》く人が、生死《しょうじ》の大海《たいかい》を渡《わた》って成仏《じょうぶつ》できるのです。立場《たちば》などで決《き》まるのではありません。何《なに》ものにも揺《ゆ》るがず、勇敢《ゆうかん》に信仰《しんこう》に励《はげ》んでいく人こそ、人生《じんせい》の勝利者《しょうりしゃ》となるのです。

釈尊《しゃくそん》が舵《かじ》を取《と》る妙法蓮華経の船《ふね》

大聖人は、「妙法蓮華経の船《ふね》にあらずんば、かなうべ《叶》からず」と仰《おお》せです。

なぜ、「妙法の船《ふね》」でなければならないのか。一体《いったい》、それは、どんな船《ふね》なのでしょうか。

大聖人は、椎地四郎《しいじのしろう》が納得《なっとく》して強盛《ごうじょう》な信心に励《はげ》めるよう、本抄《ほんしょう》の後半《こうはん》で巧《たく》みな比喩《ひゆ》を使《つか》い、船《ふね》の素晴《すば》らしさを教《おし》えられています。

まず、この船《ふね》は、法華経に説《と》かれた「如渡得船《にょととくせん》」〈注6〉であると仰《おお》せです。それは、無量無辺《むりょうむへん》の智慧《ちえ》を持《も》つ釈尊自身《しゃくそんじしん》が大工《だいく》となって、爾前《にぜん》の諸経《しょきょう》という材木《ざいもく》を集《あつ》め、余分《よぶん》な箇所《かしょ》を削《けず》り出《だ》して形《かたち》を整《ととの》え、覚《さと》りを説《と》き明《あ》かした釘《くぎ》を打《う》ち込《こ》んで作《つく》った船《ふね》であると示《しめ》されています。つまり、「妙法蓮華経の船《ふね》」とは、釈尊《しゃくそん》が最《もっと》も伝《つた》えたかった真実《しんじつ》の教《おし》えそのものであるということです。

続《つづ》いて、仏《ほとけ》の願《ねが》い通《どお》りに完成《かんせい》した船《ふね》を「生死《しょうじ》の大海《たいかい》」に浮《う》かべます。

仏《ほとけ》の船《ふね》は、中道《ちゅうどう》の帆柱《ほばしら》に、万人成仏《ばんにんじょうぶつ》を可能《かのう》にする希望《きぼう》と変革《へんかく》の法門《ほうもん》である「一念三千《いちねんさんぜん》」の帆《ほ》を揚《あ》げ、「諸法実相《しょほうじっそう》」という真理《しんり》を追《お》い風《かぜ》として受《う》けて、妙法を信受《しんじゅ》する一切衆生《いっさいしゅじょう》を乗《の》せて進《すす》むのです〈注7〉。それだけではありません。釈尊《しゃくそん》が自《みずか》ら舵《かじ》を握《にぎ》り、多宝如来《たほうにょらい》が綱《つな》を取《と》り、上行菩薩等《じょうぎょうぼさつとう》の地涌《じゆ》の四菩薩《しぼさつ》〈注

8〉が呼吸《こきゅう》を合《あ》わせて漕《こ》いでくれると言《い》うのです。これが「妙法蓮華経の船《ふね》」です。

このように、妙法を持《たも》つ人は、人生《じんせい》の毀誉褒貶《きよほうへん》のあらゆる暴風《ぼうふう》をも前進《ぜんしん》の力《ちから》に変《か》えていける。どんな激流《げきりゅう》が押《お》し寄《よ》せてきても、仏《ぶっ》・菩薩《ぼさつ》が一丸《いちがん》となって守《まも》り、成仏《じょうぶつ》に向《む》かい正《ただ》しき航路《こうろ》を進《すす》むよう働《はたら》いてくれるのです。

一切衆生《いっさいしゅじょう》の苦悩《くのう》を救《すく》う宗教《しゅうきょう》

戸田先生は、真《しん》の宗教《しゅうきょう》の要件《ようけん》について、次《つぎ》のようにつづられていました。

①一切衆生《いっさいしゅじょう》の苦悩《くのう》を、救《すく》うべきものでなくてはならない。
②一切衆生《いっさいしゅじょう》に、真《しん》の幸福《こうふく》を享受《きょうじゅ》せしむべきものでなくてはならない。
③一切大衆《いっさいたいしゅう》の生命《せいめい》を、真《しん》に浄化《じょうか》せしむべきものでなくてはならない。
④一切大衆《いっさいたいしゅう》に、生命《せいめい》の真実《しんじつ》のすがたである永遠《えいえん》の生命《せいめい》を、悟《さと》らしむべきものでなくてはならない、と。

まさしく、民衆《みんしゅう》を救《すく》い切《き》る偉大《いだい》なる大船《たいせん》とは、「妙法蓮華経の船《ふね》」にほかなりません。

では、この船《ふね》に乗《の》れるのは誰《だれ》か。

大聖人は「日蓮が弟子《でし》檀那《だんな》等《ら》なり」と厳然《げんぜん》と断言《だんげん》されています。御本尊を信《しん》受《じゅ》する私たちは、必《かなら》ず所願満足《しょがんまんぞく》の幸福《こうふく》の彼岸《ひがん》に到達《とうたつ》できることを、明確《めいかく》にお約《やく》束《そく》くださっているのです。なんとありがたいことでしょうか。

「仏教史上《ぶっきょうしじょう》、初《はじ》めての偉業《いぎょう》」

創価学会は、世界に妙法を広宣流布してきた仏勅《ぶっちょく》の団体《だんたい》です。一人一人が、この尊《とうと》き地涌《じゆ》の使命《しめい》の担《にな》い手《て》なのです。生死《しょうじ》という最《もっと》も根源的《こんげんてき》な問題《もんだい》を直視《ちょくし》し、暗夜《あんや》の海原《うなばら》も勇気《ゆうき》と智慧《ちえ》の光明《こうみょう》で航路《こうろ》を照《て》らして、共々《ともども》に成長《せいちょう》と歓喜《かんき》と満《まん》足《ぞく》の大航海《だいこうかい》を悠々《ゆうゆう》と進《すす》んでいくのです。

今《いま》、この目覚《めざ》めた民衆《みんしゅう》による一大哲学運動《いちだいてつがくうんどう》は192カ国・地域《ちいき》へと広《ひろ》がっています。

ハーバード大学の文化人類学《ぶんかじんるいがく》の大家《たいか》ヌール・ヤーマン博士〈注9〉は、次《つぎ》のように語《かた》っておられました。

「創価学会の皆《みな》さんは、自分自身《じぶんじしん》がより良《よ》き人間に成長《せいちょう》していくことで、縁《えん》する人々、そして社会《しゃかい》をも改善《かいぜん》できるということを証明《しょうめい》されています。これは人類《じんるい》に対《たい》する最大《さいだい》の貢献《こうけん》の一つでしょう」

また、博士は、学会は「既成《きせい》の概念《がいねん》を破《やぶ》り、仏教哲学《ぶっきょうてつがく》から人間主義《しゅぎ》のメッセージを抽出《ちゅうしゅつ》し、全世界に発信《はっしん》している。それは、「仏教史上《ぶっきょうしじょう》、初《はじ》めての偉《い》業《ぎょう》」とまで述《の》べて、期待《きたい》を寄《よ》せられています。

伯耆《ほうき》殿《どの》並《ならびに》諸人《しょにん》御書《ごしょ》

御文　（新1936ページ）

このことは、すでに梵天《ぼんてん》・帝釈《たいしゃく》・日月等《にちがつとう》に申《もう》し入《い》れて候《そうろう》ぞ。あえてたがえ《違》させ給《たも》うべからず。各々《おのおの》、天《てん》の御《おん》はからい《計》とおぼ《思》すべし。恐々謹言《きょうきょうきんげん》。

現代語訳

（前欠《ぜんけつ》）このことは、すでに梵天《ぼんてん》・帝釈《たいしゃく》・日天《にってん》・月天《がってん》などに申《もう》し入《い》れました。決《けっ》してたがえるようなことがあってはなりません。おのおのの天《てん》のお計《はか》らいとお思《おも》いになってください。謹《つつし》んで申《もう》し上《あ》げます。

続《つづ》いて「伯耆殿並諸人御書《ほうきどのならびにしょにんごしょ》」〈注10〉を拝《はい》します。『日蓮大聖人御書全集　新《しん》版《ぱん》』に、新《あら》たに収録《しゅうろく》された御抄《ごしょう》です。

前《まえ》の部分《ぶぶん》が欠《か》けた末尾《まつび》の部分《ぶぶん》だけですが、抄末《しょうまつ》に「九月二十六日」「伯耆殿《ほうきどの》ならびに諸人御中《しょにんおんちゅう》」と記《しる》されており、日興上人等《にっこうしょうにんとう》に送《おく》られたお手紙《てがみ》であることは確《たし》かです。また、本抄《ほんしょう》の御真筆《ごしんぴつ》には、日興上人《にっこうしょうにん》の筆《ふで》で「弘安《こうあん》二年」と補《ほ》足《そく》されています。お手紙《てがみ》を受《う》け取《と》られた門下《もんか》と時期《じき》を考慮《こうりょ》すると、冒頭《ぼうとう》の「このこと」とは、「熱原《あつはら》の法難《ほうなん》」のこと、あるいは、それに関《かん》しての事柄《ことがら》とも考《かんが》えられます。

熱原《あつはら》の法難《ほうなん》は、広宣流布の伸展《しんてん》を恐《おそ》れた、既成《きせい》の宗教的権威《しゅうきょうてきけんい》と権力者《けんりょくしゃ》が結託《けったく》して、大聖人門下《もんか》に襲《おそ》いかかった大難《だいなん》です。

この最大《さいだい》の危機《きき》を、断《だん》じて勝《か》ち越《こ》えんと奮闘《ふんとう》する弟子《でし》たちに、大聖人は法華経の行者《ぎょうじゃ》としての覚悟《かくご》に立《た》つ大切《たいせつ》さを教《おし》えられています。

「すでに梵天《ぼんてん》・帝釈《たいしゃく》・日月等《にちがつとう》に申《もう》し入《い》れて候《そうろう》ぞ」との仰《おお》せからは、大聖人が諸天《しょてん》に対《たい》して〝門下《もんか》たちを守《まも》り抜《ぬ》け〟と祈《いの》られたお心が拝察《はいさつ》されます。

それは、「申《もう》し入《い》れて候《そうろう》ぞ」という、諸天《しょてん》を揺《ゆ》り動《うご》かし、門下《もんか》を断《だん》じて守《まも》らずにはおかないとの大確信《だいかくしん》を込《こ》めた烈々《れつれつ》たる祈《いの》りです。弟子《でし》の無事《ぶじ》を願《ねが》われる、大聖人の大慈大悲《だいじだいひ》が感《かん》じられてなりません。

続《つづ》けて「あえてたがえ《違》させ給《たも》うべからず」の一節《いっせつ》からも、どこまでも諸天《しょてん》の加護《かご》が間違《まちが》いないとの確信《かくしん》が伝《つた》わってきます〈注11〉。

諸天《しょてん》も悪鬼《あっき》も自身《じしん》の生命《せいめい》の働《はたら》き

大事《だいじ》なことは、諸天善神《しょてんぜんじん》も悪鬼神《あっきじん》も、自身《じしん》の生命《せいめい》に根《ね》ざした働《はたら》きであり、両《りょう》者《しゃ》は表裏一体《ひょうりいったい》の関係《かんけい》にあるということです。

「元品《がんぽん》の法性《ほっしょう》は梵天《ぼんてん》・帝釈等《たいしゃくとう》と顕《あらわ》れ、元品《がんぽん》の無明《むみょう》は第六天《だいろくてん》の魔王《まおう》と顕《あらわ》れたり」（新1331ページ・全997ページ）と仰《おお》せの通《とお》りです。

不信《ふしん》によって、生命《せいめい》が元品《がんぽん》の無明《むみょう》〈注12〉に覆《おお》われてしまえば、自分《じぶん》を取《と》り巻《ま》く環境《かんきょう》が悪鬼神《あっきじん》の働《はたら》きとなって現《あらわ》れてしまう。それを打《う》ち破《やぶ》っていけるのが信心の利剣《りけん》です。

妙法への信《しん》を貫《つらぬ》き、広宣流布という師弟《してい》の大願《だいがん》に生き抜《い》《ぬ》くならば、その瞬間《しゅんかん》瞬間《しゅんかん》の生命《せいめい》に如々《にょにょ》として仏界《ぶっかい》が現《あらわ》れ、周囲《しゅうい》は諸天善神《しょてんぜんじん》の働《はたら》きとなって動《うご》き始《はじ》めていきます。断固《だんこ》として守《まも》られるのです。いわば〝仏《ほとけ》の入其身《にゅうごしん》〟であり、「内《ない》薫外護《くんげご》」〈注13〉です。

どこまでも諸天《しょてん》の守護《しゅご》は、自身《じしん》の「信心の厚薄《こうはく》」によって決《き》まります。だからこそ、魔《ま》は魔《ま》と鋭《するど》く見破《みやぶ》って打《う》ち払《はら》い、決定《けつじょう》した題目で諸天《しょてん》を揺《ゆ》り動《うご》かしていくのです。

戸田先生は、分《わ》かりやすく教《おし》えてくださいました。

「幸福《こうふく》を感《かん》じ、幸福《こうふく》な人生《じんせい》をいとなむ源泉《げんせん》は、われわれの生命力《せいめいりょく》である」

「もし、生命力《せいめいりょく》が家庭《かてい》の事件《じけん》を解決《かいけつ》するだけの生命力《せいめいりょく》なら、家庭内《かていない》のことではいきづまらないが、町内《ちょうない》、市内《しない》の事件《じけん》にはすぐいきづまる。市内《しない》、町内《ちょうない》の事《じ》象《しょう》に対応《たいおう》できても、生老病死《しょうろうびょうし》という事象《じしょう》、天変地夭《てんぺんちよう》のような大事象《だいじしょう》には、いきづまって堂々《どうどう》たる生命《せいめい》の闊歩《かっぽ》はありえないから、不幸《ふこう》になるのである」

先生は、宇宙大《うちゅうだい》の生命力《せいめいりょく》を涌現《ゆげん》していけば、宇宙《うちゅう》の万象《ばんしょう》と関係《かんけい》して行き詰《づ》まることなく、人生《じんせい》を闊歩《かっぽ》できると結論《けつろん》されたのです。

幸福《こうふく》とは、悩《なや》みや苦難《くなん》、宿命《しゅくめい》を、強《つよ》い生命力《せいめいりょく》で捉《とら》え返《かえ》し、勝《か》ち越《こ》えていくということです。成長《せいちょう》の糧《かて》、人間革命の飛躍台《ひやくだい》、宿命転換《しゅくめいてんかん》の好機《こうき》としていくことです。そこには、生命《せいめい》の躍動《やくどう》があり、人生《じんせい》の真《しん》の充実《じゅうじつ》があります。

「絶対勝利《ぜったいしょうり》」の信心に立《た》つ

「各々《おのおの》、天《てん》の御《おん》計《はか》らいとおぼす《思》べし」――。これこそ、私たちが肝《きも》に銘《めい》じておくべき御金言《ごきんげん》です。

たとえ事態《じたい》が思《おも》い通《どお》りにいかなくとも、御書には、全《すべ》て「天《てん》の御計《おんはか》らい」（新1508ジペー・全1107ジペー）、「十羅刹女《じゅうらせつにょ》の御計《おんはか》らい」「釈迦仏《しゃかぶつ》の御計《おんはか》らい」（新

1583ジペー・全1164ジペー）と受《う》け止《と》めていくことを教《おし》えられています。

戸田先生の事業《じぎょう》が破綻《はたん》した折《おり》も、先生と私は、まさしく諸天《しょてん》の「御《おん》計《はから》い」と定《さだ》めて、烈風《れっぷう》に立《た》ち向《む》かったのです。

諸天《しょてん》の加護《かご》は絶対《ぜったい》です。その時《とき》その時《とき》の結果《けっか》は、仮《かり》に自分《じぶん》が望《のぞ》んだものとかけ離《はな》れていたとしても、最終的《さいしゅうてき》に、〝あれは守《まも》られていたのだ〟〝全部《ぜんぶ》、深《ふか》い意《い》味《み》があったのだ〟と、感謝《かんしゃ》できる勝利《しょうり》の結果《けっか》になります。

ですから、どこまでも、「天《てん》の加護《かご》なきことを疑《うたが》わざれ」（新1117ジペー・全234ジペー）との仰《おお》せのごとく、どんなことがあっても「疑《うたが》う心《こころ》なく」（同ジペー）、大確《だいかく》信《しん》をもって前進《ぜんしん》していくことです。決然《けつぜん》と「絶対勝利《ぜったいしょうり》の信心」に立《た》っていけば「自然《じねん》に仏界《ぶっかい》にいたる」（同ジペー）のです。

どんな逆境《ぎゃっきょう》にも、妙法を唱《とな》え、大生命力《だいせいめいりょく》を発揮《はっき》していけば、時《とき》を創《つく》り、味方《みかた》を増《ふ》やしながら勝《か》ち進《すす》んでいくことができます。

人間は決《けっ》して、運命《うんめい》に翻弄《ほんろう》されるだけの存在《そんざい》ではありません。

「生老病死《しょうろうびょうし》」を「常楽我浄《じょうらくがじょう》」〈注14〉へと転《てん》じゆく、仏界《ぶっかい》の生命《せいめい》という宇宙大《うちゅうだい》の根源《こんげん》の力《ちから》を具《そな》えた存在《そんざい》なのです。計《はか》り知《し》れない地涌《じゆ》の底力《そこぢから》を秘《ひ》めているのです。

〝大聖人の大師子吼《だいししく》を拝《はい》せ〟

戸田先生は、私たち青年に、「開目抄《かいもくしょう》」の「我日本《われにほん》の柱《はしら》とならん、我日本《われにほん》の眼目《がんもく》とならん、我日本《われにほん》の大船《たいせん》とならん等《とう》とちかい《誓》し願《ねが》いやぶ《破》るべからず」（新114ページ・全232ページ）を拝《はい》し、こう呼《よ》びかけられました。

「『不幸《ふこう》』よ！　汝《なんじ》はいずこよりきたり、いずこへ去《さ》らんとするか。目《め》をあげて見《み》るに、いま、国を憂《うれ》い、大衆《たいしゅう》を憂《うれ》うる者《もの》はわが国人《くにびと》に幾人《いくにん》ぞ。国に人なきか、はたまた、利己《りこ》の人のみ充満《じゅうまん》せるか。これを憂《うれ》うて、吾人《ごじん》は叫《さけ》ばざるをえない、日蓮大聖人の大師子吼《だいししく》を！」

日蓮仏法を現代《げんだい》に弘《ひろ》める創価学会は、社会《しゃかい》の希望《きぼう》の柱《はしら》であり、世界を照《て》らす精神《せいしん》の眼目《がんもく》であり、人類《じんるい》の境涯《きょうがい》を高《たか》める大船《たいせん》です。
さあ、民衆《みんしゅう》の笑顔《えがお》輝《かがや》く新時代《しんじだい》へ！
創価の帆《ほ》を高《たか》く揚《あ》げて、幸福航路《こうふくこうろ》を勇敢《ゆうかん》に、朗《ほが》らかに進《すす》みゆこう！
共々《ともども》に、楽《たの》しく、月々日々《つきづきひび》に「行学《ぎょうがく》の二道《にどう》」に励《はげ》みながら！

［注　解］

〈注1〉【生老病死《しょうろうびょうし》】人間が免《まぬか》れがたい根源的《こんげんてき》な四つの苦《く》しみ。生《う》まれること（生《い》きること）、老《お》いること、病《や》むこと、死《し》ぬこと。「四苦《しく》」ともいう。これらの苦《く》しみの克服《こくふく》が仏道修行《ぶつどうしゅぎょう》の目的《もくてき》となる。

〈注2〉いずれも宿命《しゅくめい》に対《たい》する姿勢《しせい》を示《しめ》す言葉《ことば》。「宿命転換《しゅくめいてんかん》」は、定《さだ》まって変《か》えがたいと思《おも》われる運命《うんめい》であっても、妙法の力《ちから》で転換《てんかん》できること。「転重軽受《てんじゅうきょうじゅ》」は、正法《しょうほう》を護持《ごじ》する功徳《くどく》によって、過去世《かこせ》の重罪《じゅうざい》を転《てん》じて、現世《げんぜ》で軽《かる》くその報《むく》いを受《う》けるとの意《い》。「重《おも》きを転《てん》じて軽《かる》く受《う》く」と読《よ》み下《くだ》す。「願兼於業《がんけんおごう》」は、本来《ほんらい》、修行《しゅぎょう》の功徳《くどく》によって安楽《あんらく》な境涯《きょうがい》に生《う》まれるべきところを、苦悩《くのう》に沈《しず》む民衆《みんしゅう》を救済《きゅうさい》するために、自《みずか》ら願《ねが》って、悪世《あくせ》に生《う》まれること。「願《がん》、業《ごう》を兼《か》ぬ」と読《よ》み下《くだ》す。

〈注3〉【椎地四郎殿御書《しいじのしろうどのごしょ》】椎地四郎《しいじのしろう》に送《おく》られたとされる御消息《ごしょうそく》。本抄《ほんしょう》では、末法《まっぽう》の法華経の行者《ぎょうじゃ》には必《かなら》ず大難《だいなん》が起《お》こるが、大難《だいなん》があるからこそ、法華経の行者《ぎょうじゃ》として信心強盛《ごうじょう》に励《はげ》むよう指導《しどう》されている。

〈注4〉【妙楽大師《みょうらくだいし》】711年～782年。中国・唐代《とうだい》の人で中国天台宗《てんだいしゅう》の中興《ちゅうこう》の祖《そ》。著書《ちょしょ》に『法《ほっ》華玄義釈籤《けげんぎしゃくせん》』『法華文句記《ほっけもんぐき》』『止観輔行伝弘決《しかんぶぎょうでんぐけつ》』などがある。

〈注5〉【従藍而青《じゅうらんにしょう》】「青《あお》は藍《あい》より出《い》でて、而《しか》も藍《あい》より青し」。色《いろ》を重《かさ》ねることで、もとの藍《あい》より濃《こ》くなることから、学問《がくもん》を探究《たんきゅう》することで深《ふか》くなることを譬《たと》えた。もとは荀子《じゅんし》に由来《ゆらい》する。天台《てんだい》の『摩訶止観《まかしかん》』第1にも引用《いんよう》される。日蓮大聖人は、信心の修行《しゅぎょう》を重《かさ》ねていく譬《たと》えとともに、後継者《こうけいしゃ》の成長《せいちょう》の意味《いみ》に用《もち》いられている。

〈注6〉【如渡得船《にょととくせん》】「にょどとくせん」とも。薬王菩薩本事品《やくおうぼさつほんじほん》第23の文《もん》（法華経597ページ）。「渡《わた》りに船《ふね》を得《え》たるが如《ごと》し」と読《よ》み下《くだ》す。法華経が一切《いっさい》の苦《く》や病痛《びょうつう》を離《はな》れ、生死《しょうじ》の縛《ばく》を解《と》く教《おし》えであることの譬《たと》えとして用《もち》いられている。

〈注7〉「中道《ちゅうどう》」は「道《みち》に中《あた》る」という意義《いぎ》で、断《だん》・常《じょう》の二見《にけん》や、有《う》・無《む》の二辺《にへん》などの両極端《りょうきょくたん》に執着《しゅうじゃく》しない不偏《ふへん》にして中正《ちゅうせい》の道《みち》。「一念三千《いちねんさんぜん》」は、衆生《しゅじょう》が瞬間瞬間《しゅんかんしゅんかん》に起《お》こす一念《いちねん》の心に、現象《げんしょう》世界の全《すべ》て（三千）が納《おさ》まること。天台大師《てんだいだいし》が法華経の教説《きょうせつ》に基《もと》づいて『摩訶止観《まかしかん》』で立《た》てた法門《ほうもん》。万人成仏《ばんにんじょうぶつ》の根拠《こんきょ》となることから、法華経の極理《ごくり》を表現《ひょうげん》した法理《ほうり》とされる。「諸法《しょほう》実相《じっそう》」は、全《すべ》ての存在《そんざい》・現象《げんしょう》の真実《しんじつ》ありのままの姿《すがた》のこと。法華経方便品《ほうべんぽん》では、あらゆる衆生《しゅじょう》に成仏《じょうぶつ》の可能性《かのうせい》が本来的《ほんらいてき》に具《そな》わっており、それを開《ひら》き現《あらわ》せるという真実《しんじつ》を明《あ》かした。

〈注8〉【四菩薩《しぼさつ》】法華経涌出品《ゆじゅっぽん》第15で涌現《ゆげん》する地涌《じゆ》の菩薩《ぼさつ》を導《みちび》く4人の菩薩《ぼさつ》。「四導師《しどうし》」とも呼《よ》ばれる。「上行《じょうぎょう》」「無辺行《むへんぎょう》」「浄行《じょうぎょう》」「安立行《あんりゅうぎょう》」の4人。

〈注9〉【ヌール・ヤーマン博士】1931年～。トルコ出身《しゅっしん》のアメリカの文化人類学者《ぶんかじんるいがくしゃ》。ハーバード大学名誉教授《きょうじゅ》。イスラム教《きょう》や仏教《ぶっきょう》、ヒンドゥー教《きょう》など宗教《しゅうきょう》と社会《しゃかい》の研究《けんきゅう》で知《し》られる。池田先生との対談集《たいだんしゅう》『今日《きょう》の世界　明日《あす》の文明《ぶんめい》』（『池田大作全集』第140巻所収）がある。引用《いんよう》は、聖教新聞2020年2月1日付。

〈注10〉【伯耆殿並諸人御書《ほうきどのならびにしょにんごしょ》】現存《げんそん》している部分《ぶぶん》が断片《だんぺん》のため詳細《しょうさい》は不明《ふめい》だが、弘安《こうあん》2年（1279年）、伯耆殿《ほうきどの》（日興上人《にっこうしょうにん》）を通《とお》して、熱原《あつはら》の門下《もんか》に与《あた》えられた一書《いっしょ》と考《かんが》えられる。

〈注11〉この御文《ごもん》は、断片《だんぺん》の御書のため確定《かくてい》は難《むずか》しい。〝梵天《ぼんてん》・帝釈《たいしゃく》などが、法華経の行者《ぎょうじゃ》を守護《しゅご》する誓《ちか》いを破《やぶ》ってはならない〟とも、あるいは〝門下《もんか》たちよ、私の言《い》っていることにたがえてはならない〟とも考《かんが》えられる。いずれにしても、諸天《しょてん》の加護《かご》に関《かん》する内容《ないよう》であることは間違《まちが》いない。

〈注12〉【元品《がんぽん》の無明《むみょう》】生命《せいめい》の根源的《こんげんてき》な無知《むち》。究極《きゅうきょく》の真実《しんじつ》を明《あ》かした妙法を信《しん》じられず理解《りかい》できない癡《おろ》かさ。

〈注13〉【内薫外護《ないくんげご》】一切衆生《いっさいしゅじょう》の生命《せいめい》に内在《ないざい》する仏性《ぶっしょう》が妙法への信《しん》によって、香《かお》りが染《し》みわたるように顕現《けんげん》していくことを内薫《ないくん》といい、この内薫《ないくん》に呼応《こおう》して、外《そと》からその生命《せいめい》を護《まも》り助《たす》ける働《はたら》きが起《お》こることを外護《げご》という。

〈注14〉【常楽我浄《じょうらくがじょう》】仏《ほとけ》の生命《せいめい》に具《そな》わる徳目《とくもく》で、四徳波羅蜜《しとくはらみつ》ともいう。常《じょう》とは、仏《ほとけ》が完全《かんぜん》な永遠性《えいえんせい》を実現《じつげん》していること。楽《らく》とは、完全《かんぜん》な安楽《あんらく》。我《が》とは、完全《かんぜん》な主体性《しゅたいせい》。浄《じょう》とは、完全《かんぜん》な清《きよ》らかさをいう。

礼儀《れいぎ》正《ただ》しく。笑顔《えがお》を大切《たいせつ》に

わが恩師《おんし》・戸田城聖《じょうせい》先生は、終生《しゅうせい》、青年をこよなく大切《たいせつ》にしてくださいました。

青年のためならば、どんなに無理《むり》なことも必《かなら》ず実現《じつげん》された。「いやあ大変《たいへん》だよ」と笑《え》みを浮《う》かべながら、何《なに》かあると、陰《かげ》でも手《て》を尽《つ》くされるのが常《つね》でした。

その戸田先生が、願業《がんぎょう》とされた75万世帯《せたい》の大法弘通《だいほうぐつう》を成就《じょうじゅ》された後《のち》、衰弱《すいじゃく》していた身《み》をいとわず、愛《あい》する後継《こうけい》の弟子へ広宣流布の一切《いっさい》を託《たく》されたのが、1

学会歌の指揮を執る戸田先生と池田先生（1958年3月　静岡）

958年（昭和33年）3月16日の式典《しきてん》です〈注1〉。

広布史に不滅《ふめつ》の「3・16」の儀式《ぎしき》

寒《さむ》い夜明《よあ》け前《まえ》から馳《は》せ参《さん》じる、6000人の若《わか》き求道《きゅうどう》の友《とも》をねぎらうために、〝何《なに》か温《あたた》かいものを食《た》べさせてあげたい〟と、先生は、湯気《ゆげ》の立《た》つ豚汁《とんじる》を用意《ようい》してくださいました。

あの不滅《ふめつ》の「3・16」の儀式《ぎしき》は、師匠《ししょう》の慈愛《じあい》に包《つつ》まれて幕《まく》が開《あ》けました。恩《おん》師《し》の眼差《まなざ》しは、未来を創《つく》りゆく若人《わこうど》の潑剌《はつらつ》たる欣喜雀躍《きんきじゃくやく》の姿《すがた》に、万感《ばんかん》を込《こ》めて注《そそ》がれていたのです。

式《しき》の席上《せきじょう》、戸田先生は語《かた》られました。

「われわれには、広宣流布を断《だん》じてなさねばならぬ使命《しめい》がある。それを今日《きょう》、私は、君《きみ》たち青年に託《たく》しておきたい。未来は、君《きみ》たちに任《まか》せる。頼《たの》むぞ、広宣流布を！」

そして、力強《ちからづよ》く「創価学会は、宗教界《しゅうきょうかい》の王者《おうじゃ》である」と師子吼《ししく》され、広布後《こう》継《けい》の自覚《じかく》を促《うなが》されたのです。

最《もっと》も崇高《すうこう》な宗教革命《しょうきょうかくめい》の大遠征《だいえんせい》

広宣流布は、一国《いっこく》にとどまらず世界へ、そして現在《げんざい》から尽未来際《じんみらいさい》へと続《つづ》く、最《もっと》も崇高《すうこう》な宗教革命《しゅうきょうかくめい》の大遠征《だいえんせい》です。人類社会《じんるいしゃかい》を妙法の功力《くりき》で潤《うるお》し、民衆《みんしゅう》の大地《だいち》に、平和《へいわ》と幸福《こうふく》の大輪《たいりん》の花《はな》を開《ひら》かせていく聖業《せいぎょう》です。

広布の大事業《だいじぎょう》は、青年によって遂行《すいこう》されます。青年が立《た》ち上《あ》がることで、世《せ》代《だい》から世代《せだい》へ、魂《たましい》のバトンが受《う》け継《つ》がれていくのです。

ここでは、まず、日蓮大聖人が、青年門下《もんか》・南条時光《なんじょうときみつ》に与《あた》えられた御書を拝《はい》し、「誠実《せいじつ》」と「信頼《しんらい》」、そして「人《ひと》の振《ふ》る舞《ま》い」について学《まな》んでいきます。

上野殿御消息《うえのどのごしょうそく》（四徳四恩《しとくしおん》の事《こと》）

御文

（新1850ページ・全1527ページ）

三《さん》には友《とも》におう《合》て礼《れい》あれとは、友達《ともだち》の一日《いちにち》に十度《じゅうど》二十度《にじゅうど》来《きた》れる人《ひと》なりとも、千里《せんり》二千里《にせんり》来《きた》れる人《ひと》のごとく思《おも》うて、礼儀《れいぎ》いささかおろか《疎》に思《おも》うべからず。

現代語訳

三には「友《とも》に会《あ》ったら礼儀正《れいぎただ》しくあれ」とは、友《とも》だちで、一日に十《じゅう》度《ど》、二十度《にじゅうど》来《く》るような人であっても、千里《せんり》、二千里《にせんり》の遠《とお》くから来《き》た人のように思《おも》って、礼儀《れいぎ》を少《すこ》しでもおろそかに思《おも》ってはならない。

時光《ときみつ》の成長《せいちょう》を何《なに》より喜《よろこ》ばれる

「上野殿御消息《うえのどのごしょうそく》（四徳四恩《しとくしおん》の事《こと》）」〈注2〉は、建治《けんじ》元年（1275年）の御執筆《ごしっぴつ》です。

大聖人は、時光《ときみつ》の父《ちち》である南条兵衛七郎《なんじょうひょうえしちろう》〈注3〉を信頼《しんらい》されていました。その若《わか》くしての逝去《せいきょ》を深《ふか》く悼《いた》まれるとともに、夫人《ふじん》の上野尼《うえののあま》をはじめ、残《のこ》された家族《かぞく》の将来《しょうらい》もこまやかに案《あん》じられていました。

大聖人が佐渡《さど》から鎌倉《かまくら》に戻《もど》り、身延《みのぶ》に入山《にゅうざん》されてからほどなくのことです（文永《ぶんえい》11年〈1274年〉7月）。南条時光《なんじょうときみつ》が幼《おさな》き日の激励《げきれい》を胸《むね》に訪《たず》ねてきました。父《ちち》の面影《おもかげ》を湛《たた》えた子息《しそく》が、16歳《さい》の若者《わかもの》となり、姿《すがた》といい信心といい、立派《りっぱ》に成長《せいちょう》していることを、大聖人は何《なに》より喜《よろこ》ばれました。母の上野尼《うえののあま》に、〝誠《まこと》にすばらしい子《こ》を持《も》たれたことに、涙《なみだ》が止《と》まりません〟とお手紙《てがみ》に記《しる》されています（新1836ジ゚ー・全1507ジ゚ー）。

その数《すう》カ月後《げつご》、時光《ときみつ》に宛《あ》てたお手紙《てがみ》では、親《おや》の後《あと》を継《つ》いで法華経への信仰《しんこう》を貫《つらぬ》くあなたの姿《すがた》に、お父《とう》さんは、どれほど喜《よろこ》んでいらっしゃるでしょうか、ともつづられました。さらに、親子《おやこ》で共《とも》に白髪《しらが》となるまで過《す》ごせる人もいるのに、若《わか》き身《み》で親《おや》を亡《な》くし、教訓《きょうくん》を受《う》ける機会《きかい》もないと感《かん》じていることでしょうと、時光《ときみつ》の心の内《うち》を温《あたた》かく思《おも》いやられています（新1838ジペー・全1509ジペー）。

その後《ご》も大聖人は、1年余《よ》の間《あいだ》に、時光《ときみつ》へ数編《すうへん》のお手紙《てがみ》を送《おく》られ、仏法を行《ぎょう》ずれば必《かなら》ず大難《だいなん》があること、また、非難《ひなん》をする人への処《しょ》し方《かた》など、一つ一つ御《ご》指南《しなん》されていきます。

「心に読書《どくしょ》と思索《しさく》の暇《いとま》を」

この「上野殿御消息《うえのどのごしょうそく》」では、仏法者として重要《じゅうよう》な「四恩《しおん》」〈注4〉とともに、人生《じんせい》の生き方として大事《だいじ》な「四徳《しとく》」〈注5〉を教《おし》えられています。

このうち「四徳《しとく》」とは、今日的《こんにちてき》に言《い》えば、「親《おや》を大切《たいせつ》にすること」「社会《しゃかい》で誠《せい》実《じつ》に、真剣《しんけん》に生きること」「友人《ゆうじん》を大事《だいじ》にすること」「人々に慈悲《じひ》深《ぶか》く接《せっ》すること」という四つの徳目《とくもく》といえましょう。当時《とうじ》の万般《ばんぱん》の哲学《てつがく》を踏《ふ》まえた人生《じんせい》の教訓《きょうくん》です。こうした賢人《けんじん》、聖人《しょうにん》の生《い》き方《かた》を通《とお》して、大聖人は時光《ときみつ》に最上《さいじょう》の「人間学《がく》」を示《しめ》されています。

戸田先生が常々《つねづね》言《い》われていたことを思《おも》い起《お》こします。

「仏法をもっているからといって、独善的《どくぜんてき》になってはならない。あらゆる学問《がくもん》、あらゆる文学《ぶんがく》、あらゆる一流《いちりゅう》の思想家《しそうか》たちの持論《じろん》・論調《ろんちょう》を勉強《べんきょう》することが、とくに大事《だいじ》である。それが、より仏法を理解《りかい》し、さらに、心広々《ひろびろ》と仏法の深遠《しんえん》さを明快《めいかい》にしゆくための、『序分《じょぶん》』『流通分《るつうぶん》』となっていくからだ」と。

そして、先生は、よく私たち青年に訓練《くんれん》として一級《いっきゅう》の小説《しょうせつ》、名作《めいさく》を読《よ》ませたものでした。

「青年よ、心に読書《どくしょ》と思索《しさく》の暇《いとま》をつくれ」との「大白蓮華」の巻頭言《かんとうげん》で、先生はつづっています。

「この、読書《どくしょ》と思索《しさく》の習慣《しゅうかん》が、日本の青年層に建設《けんせつ》されたときに、次《つぎ》の時代《じだい》が、いかに力強《ちからづよ》いものになるかは、想像《そうぞう》にもあまりあるものである。学会の青年諸君《しょくん》よ、読書《どくしょ》と思索《しさく》の習慣《しゅうかん》を、日本国に植《う》えつける先達《せんだつ》とならんことを」と。

これも大事《だいじ》な指針《ししん》です。創価の青年の未来への使命《しめい》がいかに大《おお》きいかを、こうした点《てん》からも先生は強調《きょうちょう》されていたのです。

互《たが》いに仏《ほとけ》のごとく敬《うやま》う精神《せいしん》

御文《ごもん》では、「友《とも》に会《あ》ったら礼儀正《れいぎただ》しくあれ」ということについて、たとえ一日に十度《じゅうど》、二十度《にじゅうど》と顔《かお》を合《あ》わせる相手《あいて》であっても、千里《せんり》、二千里《にせんり》の遠《とお》くから来《き》た人のように、礼儀《れいぎ》をおろそかにしてはならないと仰《おお》せです。

私たちには、「当起遠迎《とうきおんごう》、当如敬仏《とうにょきょうぶつ》」〈注6〉という不朽《ふきゅう》の生命尊重《せいめいそんちょう》の思想《しそう》があります。

「皆仏《みなほとけ》なり」（新1988ジ・全1382ジ）です。広布の同志《どうし》は、釈尊《しゃくそん》と多宝《たほう》如来《にょらい》の二仏《にぶつ》が半座《はんざ》を分《わ》かち合《あ》って並《なら》んで座《すわ》ったように、互《たが》いに相手《あいて》の存在《そんざい》を最《さい》高《こう》に認《みと》め合《あ》い、尊敬《そんけい》し合《あ》っていきなさい、とも教《おし》えられています。

仏《ほとけ》とは覚者《かくしゃ》――真理《しんり》に目覚《めざ》めた人間です。偉大《いだい》なる法《ほう》に目覚《めざ》め、一切衆生《いっさいしゅじょう》の尊極《そんごく》なる仏性《ぶっしょう》に目覚《めざ》めた人です。この万人尊敬《ばんにんそんけい》の大法《だいほう》を人々に教《おし》えているのが仏法です。したがって、一人一人が自身《じしん》の仏知見《ぶっちけん》に目覚《めざ》め、自他共《じたとも》に本来《ほんらい》の尊《そん》厳性《げんせい》を輝《かがや》かしていける境涯《きょうがい》に至《いた》ることこそが、仏《ほとけ》の所願《しょがん》の成就《じょうじゅ》であり、満足《まんぞく》になるのです。

現実《げんじつ》の人生《じんせい》と生活《せいかつ》を離《はな》れて仏法は存在《そんざい》しません。どこまでも、人間の生き方を深《ふか》め、向上《こうじょう》していくための仏法です。その意味《いみ》で「信心即生活《そくせいかつ》」「仏法即社《そくしゃ》会《かい》」の生き方が重要《じゅうよう》なのです。

大聖人は、「当起遠迎《とうきおんごう》、当如敬仏《とうにょきょうぶつ》」を「最上第一《さいじょうだいいち》の相伝《そうでん》」（新1086ジペー・全781ジペー）と定《さだ》められました。目《め》の前《まえ》の人、縁《えん》する人を敬《うやま》い大事《だいじ》にすることは、仏法の根幹中《こんかんちゅう》の根幹《こんかん》ともいうべき結論《けつろん》だということです。

「信用《しんよう》」「誠実《せいじつ》」が青年の財産《ざいさん》

とりわけ、青年にとっての財産《ざいさん》は「信用《しんよう》」と「誠実《せいじつ》」です。信用《しんよう》は、一つ一つ約束《やくそく》を果《は》たしていく積《つ》み重《かさ》ねの中《なか》に築《きず》かれていくものです。誠実《せいじつ》は、目《め》の前《まえ》の一人を大切《たいせつ》にして、勇気《ゆうき》の行動《こうどう》を起《お》こすなかで発揮《はっき》されます。

私も恩師《おんし》のもとで難《むずか》しい渉外戦《しょうがいせん》に挑《いど》みました。偏見《へんけん》に凝《こ》り固《かた》まっていた相手《あいて》が、最後《さいご》は「あなたの誠実《せいじつ》さに負《ま》けたよ」と理解者《りかいしゃ》に変《か》わっていった思《おも》い出《で》が、幾《いく》つもあります。

一日一日の小《ちい》さな人間革命の積《つ》み重《かさ》ねが、やがて大樹《たいじゅ》のごとき確固《かっこ》たる自分《じぶん》を建設《けんせつ》します。形式《けいしき》や策《さく》ではありません。「誠実《せいじつ》」の二文字《もじ》を貫《つらぬ》いていくことです。

誠実第一《せいじつだいいち》で、どこまでも青年らしく、自分《じぶん》らしく伸《の》びやかに、情熱《じょうねつ》を燃《も》やしていけばよいのです。

とともに、青年は、賢《かしこ》く、そして鋭《するど》く、悪《あく》を悪と見抜《みぬ》く信心の眼《まなこ》を培《つちか》い、広布に邁進《まいしん》していくのです。
戸田先生が最後《さいご》に言われたのも「邪悪《じゃあく》とは、断固《だんこ》、戦《たたか》え」「追撃《ついげき》の手《て》をゆるめるな！」ということでした。

河合殿御返事《かわいどのごへんじ》

御文（新1952ページ）

人《ひと》にたまたまあわ《会》せ給《たも》うならば、む《向》かいくさ《臭》きことなりとも、向《む》かわせ給《たも》うべし。え《笑》まれぬことなりとも、えませ給《たま》え。

現代語訳

人にたまたまお会《あ》いになったら、向《む》き合《あ》いづらいことであっても、

第3章

向《む》き合《あ》っていきなさい。笑顔《えがお》になれないことであっても、笑顔《えがお》を向《む》けていきなさい。

続《つづ》いて、『日蓮大聖人御書全集《ぜんしゅう》 新版《しんぱん》』で初《はじ》めて収録《しゅうろく》された、河合殿《かわいどの》に送《おく》られたお手紙《てがみ》〈注7〉を学《まな》びます。この河合殿《かわいどの》は、西山氏《にしやまし》の一族《いちぞく》と考《かんが》えられている門下《もんか》ですが、詳細《しょうさい》は不明《ふめい》です。

誰《だれ》しも性格的《せいかくてき》に合《あ》う人もいれば、苦手《にがて》な人もいます。

大聖人は、御文《ごもん》の中《なか》で、〝自分《じぶん》が会《あ》った人の中《なか》には苦手《にがて》だなと思《おも》うような人もいるでしょう。しかし、そういう人にたまたま出会《であ》ったなら、勇気《ゆうき》をもって向《む》き合《あ》っていきなさい。笑顔《えがお》になれないことであっても、笑顔《えがお》を向《む》けていきなさい〟と仰《おお》せです。

当時《とうじ》、河合殿《かわいどの》を取《と》り巻《ま》く背景《はいけい》がどのようなものであったかは分《わ》かりません。

いずれにしても、自《みずか》らの環境《かんきょう》をより良《よ》く築《きず》き、困難《こんなん》な状況《じょうきょう》を打《う》ち破《やぶ》るために、自分《じぶん》から人に接《せっ》する態度《たいど》を変《か》えていきなさいとの仰《おお》せと拝《はい》されます。

状況《じょうきょう》を良《よ》く変《か》えるのも、悪《わる》く変《か》えるのも、自《みずか》らの一念《いちねん》から起《お》こす行動《こうどう》いかんによって決《き》まる。とりわけ、周囲《しゅうい》との人間関係《かんけい》を大切《たいせつ》にすることで、自分《じぶん》も守《まも》られる――。大聖人は、自分《じぶん》が苦手《にがて》と思《おも》う相手《あいて》にも、賢明《けんめい》に闊達《かったつ》に接《せっ》していくことを教《おし》えられています。

まさしく道理《どうり》であり、人間学の要諦《ようてい》です。大聖人は、弟子《でし》たちが置《お》かれた厳《きび》しい環境《かんきょう》も、労苦《ろうく》もよくご存《ぞん》じでした。そのうえで、一つ一つの出会《であ》いを、仏縁《ぶつえん》を結《むす》ぶ良《よ》き機会《きかい》にしていくよう励《はげ》まされているのです。

自分自身《じぶんじしん》が環境《かんきょう》を変《か》える主体者《しゅたいしゃ》

別《べつ》の門下《もんか》への御書では、「その国《くに》の仏法《ぶっぽう》は貴辺《きへん》にまか《任》せたてまつり候《そうろう》ぞ。『仏種《ぶっしゅ》は縁《えん》より起《お》こる。この故《ゆえ》に一乗《いちじょう》を説《と》く』なるべし」（新1953ページ・全1467

ページ）とも仰《おお》せです。

着実《ちゃくじつ》に一人一人と妙法の仏縁《ぶつえん》を結《むす》ぶことで、自身《じしん》の環境《かんきょう》を仏国土《ぶっこくど》へと変《か》えていくことができる。依報《えほう》たる環境《かんきょう》を変《か》える主体者《しゅたいしゃ》は、正報《しょうほう》である自分《じぶん》の生命にほかなりません。

日本全国《ぜんこく》はもとより、世界の各地《かくち》で、学会員は社会《しゃかい》に、地域《ちいき》に勇《いさ》んで幸《さち》の仏縁《ぶつえん》を広《ひろ》げてきました。立正安国《りっしょうあんこく》の対話《たいわ》さながらに「主人咲《しゅじんえ》み」（新34ページ・全24ページ）です。同《おな》じように相手《あいて》を笑顔《えがお》で大《おお》きく包容《ほうよう》し、一人また一人と味方《みかた》にする努力《どりょく》を営々《えいえい》と重《かさ》ねて、今日《こんにち》の壮大《そうだい》な世界広布の道《みち》が開《ひら》かれてきたのです。

信頼《しんらい》、賞讃《しょうさん》される人生を

日蓮仏法は、何《なに》もしないで神秘的《しんぴてき》な奇跡《きせき》を願《ねが》う宗教《しゅうきょう》ではありません。厳《げん》たる生命の因果《いんが》の法則《ほうそく》を説《と》き示《しめ》しています。一つ一つの信仰体験《しんこうたいけん》も、全《すべ》て日常《にちじょう》の努力《どりょく》と挑戦《ちょうせん》の結果《けっか》です。最善《さいぜん》を尽《つ》くす信心の実践《じっせん》が、大《おお》いなる変革《へんかく》を可能《かのう》にしていくのです。

だからこそ、根源《こんげん》の「法《ほう》」に則《のっと》った生き方と賢明《けんめい》な行動《こうどう》が、最《もっと》も大切《たいせつ》になるのです。

そして法華経が示《しめ》しているのは、「一切衆生《いっさいしゅじょう》に仏性《ぶっしょう》がある」という万人尊敬《ばんにんそんけい》の哲学《てつがく》です。

不軽菩薩《ふきょうぼさつ》〈注8〉が全《すべ》ての人を礼拝《らいはい》し、万人《ばんにん》を敬《うやま》ったように、他者《たしゃ》の仏性《ぶっしょう》を尊敬《そんけい》する実践《じっせん》が、仏法者の最高《さいこう》の行動《こうどう》なのです。

四条金吾《しじょうきんご》に送《おく》られた「崇峻天皇御書《すしゅんてんのうごしょ》」の「教主釈尊《きょうしゅしゃくそん》の出世《しゅっせ》の本懐《ほんかい》は人《ひと》の振《ふ》る舞《ま》いにて候《そうら》いけるぞ」（新1597ジペー・全1174ジペー）との御聖訓《ごせいくん》も、万人尊敬《ばんにんそんけい》の振《ふ》る舞《ま》いこそが教主釈尊《きょうしゅしゃくそん》の一代《いちだい》の教えにおいて、究極《きゅうきょく》の結論《けつろん》となることを示《しめ》されています。

大聖人は、四条金吾《しじょうきんご》が最《もっと》も苦境《くきょう》にあった時《とき》、仏法は勝負《しょうぶ》であること。そして、結局《けっきょく》は、毀誉褒貶《きよほうへん》に流《なが》されず、何事《なにごと》にも感謝《かんしゃ》の心《こころ》を忘《わす》れず行動《こうどう》していくことが、困難《こんなん》を打《う》ち破《やぶ》り、勝利《しょうり》を刻《きざ》む道《みち》となることを、さまざまな観点《かんてん》から説《と》かれています。

「崇峻天皇御書《すしゅんてんのうごしょ》」では、主君《しゅくん》の信用《しんよう》を勝《か》ち得《え》た時《とき》だからこそ、身《み》を慎《つつし》み、周囲《しゅうい》の人を味方《みかた》にしながら忍耐強《にんたいづよ》く進《すす》んでいきなさい、と仰《おお》せです。金吾《きんご》の性格《せいかく》を慮《おもんぱか》り、決《けっ》して短気《たんき》な姿《すがた》を見《み》せないように細々《こまごま》と注意《ちゅうい》もされています。

そのうえで、「『中務三郎左衛門尉《なかつかさのさぶろうざえもんのじょう》は、主《しゅ》の御《おん》ためにも、仏法《ぶっぽう》の御《おん》ためにも、世間《せけん》の心《こころ》ね《根》も、よかりけり、よかりけり』と、鎌倉《かまくら》の人々《ひとびと》の口《くち》にうた《謳》われ給《たま》え」（新1596ページ・全1173ページ）と仰《おお》せです。毅然《きぜん》と勝利《しょうり》の実証《じっしょう》を示《しめ》し、人々から信頼《しんらい》され、賞讃《しょうさん》される存在《そんざい》になりなさい、と教《おし》えられているのです。

どこまでも「心の財《たから》」第一《だいいち》で

続《つづ》いて、人間として生《う》まれてきた以上《いじょう》、「蔵《くら》の財《たから》」「身《み》の財《たから》」よりも「心の財《たから》」を第一としていきなさいと指導《しどう》されています。どこまでも、仏法を根本《こんぽん》に、三世永遠《さんぜえいえん》に朽《く》ちることのない「心の財《たから》」を、日々《ひび》、着実《ちゃくじつ》に積《つ》み上《あ》げていくよう励《はげ》まされています。

信心を貫《つらぬ》き通《とお》し、周囲《しゅうい》の人々を大切《たいせつ》にしながら、一人の人間として大きく成長《せいちょう》していくことが仏法者の本領《ほんりょう》であることを強調《きょうちょう》されているのです。

大聖人がその結論《けつろん》として示《しめ》されたのが、先ほどの「崇峻天皇御書《すしゅんてんのうごしょ》」の一節《いっせつ》です。すなわち、人を敬《うやま》うこと、一人を大切《たいせつ》にする、慈悲《じひ》の「人《ひと》の振《ふ》る舞《ま》い」こそが仏法者の究極《きゅうきょく》の規範《きはん》であり根本《こんぽん》の行動原理《こうどうげんり》となるのです。

創価学会は「行動《こうどう》する仏教《ぶっきょう》」

世界的な国際法学者《こくさいほうがくしゃ》として活躍《かつやく》する米国・デンバー大学のナンダ博士〈注9〉は、私たちの活動《かつどう》に期待《きたい》を寄《よ》せ、こう述《の》べられています。

「『行動《こうどう》する仏教《ぶっきょう》』であるSGIの皆《みな》さんは、思索《しさく》にふけるだけでなく社会《しゃかい》に尽《つ》くすことが、仏教者《ぶっきょうしゃ》としての重要《じゅうよう》な生き方であることを教《おし》えてくれています。皆《みな》さんの一つ一つの行動《こうどう》が、仏教《ぶっきょう》の『慈悲《じひ》』を体現《たいげん》していると思《おも》うのです」

「自分《じぶん》のためと思《おも》える皆《みな》さんの祈《いの》りや実践《じっせん》が、実《じつ》は、身近《みぢか》なところで平和《へいわ》と幸福《こうふく》を築《きず》いているのです。そして、身近《みぢか》に築《きず》かれた平和《へいわ》と幸福《こうふく》の連帯《れんたい》は、大《おお》きく広《ひろ》がっていきます。

日々《ひび》、朝晩《あさばん》と祈《いの》る時《とき》――『世界市民《しみん》』となる第一《だいいっ》歩《ぽ》が、そこから始《はじ》まっているといえるでしょう。

大《おお》きな変化《へんか》も、小《ち》さな一歩《いっぽ》から始《はじ》まります」

博士と私が語《かた》り合《あ》った「中道《ちゅうどう》」〈注10〉の生き方に通《つう》ずる姿勢《しせい》です。

今《いま》、慈折《じしゃく》広布に生《い》きゆく創価の地涌《じゆ》の陣列《じんれつ》が、「世界市民《しみん》」のモデルを提示《ていじ》していると多《おお》くの識者《しきしゃ》が語《かた》る時代《じだい》になりました。

いかなる時も、目《め》の前《まえ》の一人を敬《うやま》い大切《たいせつ》にしていく私たちの「人《ひと》の振《ふ》る舞《ま》い」が、実《じつ》は、社会《しゃかい》の基底部《きていぶ》を変革《へんかく》していく漸進的《ぜんしんてき》、かつ確《たし》かな挑戦《ちょうせん》として期《き》待《たい》されているのです。

「希望《きぼう》と励《はげ》ましの連帯《れんたい》」を

創立《そうりつ》100周年《しゅうねん》に向《む》かう10年の最初《さいしょ》に訪《おとず》れた苦難《くなん》は、未曽有《みぞう》の世界的な感染《かんせん》症《しょう》の流行《りゅうこう》でした。しかし、日本をはじめ、いずこの国でも、地涌《じゆ》の同志《どうし》は懸命《けんめい》に、そして聡明《そうめい》に、人と人とを結《むす》ぶ「希望《きぼう》と励《はげ》ましの連帯《れんたい》」を強《つよ》め広《ひろ》げてきました。地域《ちいき》で社会《しゃかい》の中《なか》で、誠実《せいじつ》と信頼《しんらい》の絆《きずな》を織《お》り成《な》しています。

今《いま》、この試練《しれん》との苦闘《くとう》に耐《た》え、勝《か》ち越《こ》えた青年たちが、これから21世紀《せいき》の本《ほん》舞台《ぶたい》でいよいよ大《おお》きく飛躍《ひやく》することは間違《まちが》いありません。

わが創価の青年たちが、それぞれの使命《しめい》の場《ば》で活躍《かつやく》する姿《すがた》を、先師《せんし》・牧口先生、恩師《おんし》・戸田先生も喜《よろこ》び見《み》つめられているでしょう。

地球規模《ちきゅうきぼ》で、若《わか》き地涌《じゆ》の人華《にんげ》が乱舞《らんぶ》する新時代《しんじだい》の「3・16」を迎《むか》えて、私はあらためて呼《よ》びかけたい。
わが愛《あい》する青年よ！　未来の世界広宣流布を断《だん》じて頼《たの》む！

［注　解］

〈注1〉1958年（昭和33年）3月上旬《じょうじゅん》、創価学会第2代会長・戸田城聖《じょうせい》先生は、若《わか》き池田大作先生に「将来《しょうらい》のために、広宣流布の模擬《もぎ》試験《しけん》、予行演習《よこうえんしゅう》となる式典《しきてん》をやろう」と提案《ていあん》した。同月16日、男女青年部の精鋭《せいえい》6000人が戸田先生のもとに集《つど》い、〝広宣流布の記念式《きねんしき》典《てん》〟が開《ひら》かれた。司会《しかい》は池田先生が務《つと》め、戸田先生は広布のバトンを後継《こうけい》の青年に託《たく》した。後に、この日が、3・16「広宣流布記念《きねん》の日」となる。

〈注2〉【上野殿御消息《うえのどのごしょうそく》（四徳四恩《しとくしおん》の事《こと》）】建治元年《けんじがんねん》（1275年）、日蓮大聖人が54歳《さい》の時《とき》に身延《みのぶ》で認《したた》められ、駿河国富士上方上野郷《するがのくにふじかみかたうえののごう》（静岡県富士宮市下条《ふじのみやしもじょう》）の南条時光《なんじょうときみつ》に送《おく》られたお手紙《てがみ》である。当時《とうじ》、時光《ときみつ》は17歳《さい》。四徳《しとく》と四恩《しおん》を挙《あ》げられ、時光《ときみつ》の信心を励《はげ》まされている。

〈注3〉【南条兵衛七郎《なんじょうひょうえしちろう》】？〜1265年。駿河国富士上方上野郷《するがのくにふじかみかたうえののごう》に住《す》んでいた武士《ぶし》。一族《いちぞく》で最初《さいしょ》に日蓮大聖人に帰依《きえ》したと思《おも》われる。文永元年《ぶんえいがんねん》（1264年）12月、重《おも》い病《やまい》に伏《ふ》していたなかで「南条兵衛七郎殿御書《なんじょうひょうえしちろうどのごしょ》」（新1824ページ・全1493ページ）を頂《いただ》く。翌《よく》2年（1265年）3月に逝去《せいきょ》した。この時《とき》、時光《ときみつ》は7歳《さい》、末子《まっし》の七郎五郎《しちろうごろう》は母《はは》の胎内《たいない》にあった。

〈注4〉【四恩《しおん》】①父母《ふぼ》の恩《おん》②国主《こくしゅ》の恩《おん》③一切衆生《いっさいしゅじょう》の恩《おん》④三宝《さんぼう》の恩《おん》。なお「報恩抄《ほうおんしょう》」では一切衆生《いっさいしゅじょう》の恩《おん》に代《か》わり、師匠《ししょう》の恩《おん》が挙《あ》げられている。

〈注5〉【四徳《しとく》】本抄《ほんしょう》では、四徳《しとく》として「父母に孝《こう》あるべし」「主《しゅ》に忠《ちゅう》あるべし」「友《とも》に合《あ》って礼《れい》あるべし」「劣《おと》れるに逢《あ》って慈悲《じひ》あれ」と示《しめ》されている。

〈注6〉【当起遠迎《とうきおんごう》、当如敬仏《とうにょきょうぶつ》】法華経普賢菩薩勧発品《ふげんぼさつかんぼっぽん》の文《もん》（法華経６７７㌻）。「当《まさ》に起《た》って遠《とお》く迎《むか》うべく、当《まさ》に仏《ほとけ》を敬《うやま》うが如《ごと》くすべし」と読《よ》み下《くだ》す。法華経を受持《じゅじ》している者《もの》を見たなら、必《かなら》ず立《た》ち上《あ》がって迎《むか》えるべきであり、まさに仏《ほとけ》を心《こころ》から敬《うやま》うようにすべきである、ということ。

〈注7〉「河合殿御返事《かわいどのごへんじ》」。弘安《こうあん》3年（１２８０年）4月19日の著作《ちょさく》と考《かんが》えられる。掲載《けいさい》されている御文《ごもん》は、手紙《てがみ》の末尾《まつび》の一紙《いっし》と考《かんが》えられている。ただし、もともとこの一紙《いっし》のみの手紙《てがみ》であるという可能性《かのうせい》もある。

〈注8〉【不軽菩薩《ふきょうぼさつ》】本書53㌻参照。

〈注9〉【ナンダ博士】ベッド・P・ナンダ。１９３４年〜。世界法律家協会《ほうりつかきょうかい》名誉会長（元会長）。デンバー大学の教授《きょうじゅ》。国際刑事裁判所設立《こくさいけいじさいばんしょせつりつ》プロジェクトの顧問《こもん》を務《つと》めたほか、核兵器《かくへいき》の使《し》用《よう》・威嚇《いかく》の違法性《いほうせい》の是非《ぜひ》を問《と》う「世界法廷《せかいほうてい》プロジェクト」等《とう》を推進《すいしん》。池田先生との対談《たいだん》『インドの精神《せいしん》――仏教とヒンズー教』（『池田大作全集』第115巻所収）がある。博士の発言は、聖教新聞２０２１年11月22日付。

〈注10〉【中道《ちゅうどう》】相対立《あいたいりつ》する両極端《りょうきょくたん》のどちらにも執着《しゅうちゃく》せず偏《かたよ》らない見識《けんしき》・行動《こうどう》。苦楽中道《くらくちゅうどう》（出家前《しゅっけまえ》の釈尊《しゃくそん》が、快楽主義《かいらくしゅぎ》と苦行主義《くぎょうしゅぎ》の二つの生き方を捨《す》てたこと）、有無中道《うむちゅうどう》（断見《だんけん》と常見《じょうけん》のどちらにも偏《かたよ》ることなく縁起《えんぎ》の法《ほう》にしたがって生成消滅《せいせいしょうめつ》するという見識《けんしき》）など、さまざまな知見《ちけん》がある。

善知識《ぜんちしき》のネットワーク

「社会《しゃかい》のため、日本のため、人類《じんるい》のため、活躍《かつやく》する若《わか》い人材《じんざい》を大いに育《そだ》てるのだ。これが、創価学会の目的《もくてき》である」

恩師《おんし》・戸田城聖《じょうせい》先生は、常々《つねづね》、平和建設《へいわけんせつ》と民衆《みんしゅう》の幸福《こうふく》に貢献《こうけん》する人材《じんざい》の輩出《はいしゅつ》こそ、創価学会の根本目的《こんぽんもくてき》であると言《い》われていました。

私の心も、まったく同《おな》じです。

人類《じんるい》の未来《みらい》を創《つく》りゆく青年の育成《いくせい》に、全力《ぜんりょく》を挙《あ》げてきました。同時《どうじ》に、「二《に》陣三陣《じんさんじん》」（新1227ページ・全911ページ）と続《つづ》く若《わか》き地涌《じゆ》の菩薩《ぼさつ》を呼《よ》び出《い》だす思《おも》いで、未来部員《みらいぶいん》を真剣《しんけん》に育《はぐく》んできました。

日本の各地《かくち》を訪問《ほうもん》した時《とき》も、世界の国々《くにぐに》を回《まわ》った時《とき》も、できる限《かぎ》り未来《みらい》っ子たちと会《あ》い、心の絆《きずな》を幾重《いくえ》にも結《むす》びました。

「創価の魂《たましい》」のバトンを受《う》け継《つ》ぐ人々がいなければ、世界の広宣流布は伸展《しんてん》しない。それでは、人類《じんるい》の幸福《こうふく》も、平和《へいわ》の実現《じつげん》も、夢《ゆめ》で終《お》わってしまうからです。

うれしいことに、世界広布新時代《しんじだい》の今《いま》、未来部出身《みらいぶしゅっしん》の友《とも》がいずこでも大活躍《だいかつやく》しています。

そして今《いま》、各国《かっこく》で、たくましく育《そだ》っている後継《こうけい》の未来《みらい》っ子たちは、今度《こんど》は21世紀《せいき》の後半《こうはん》、「第三の七つの鐘《かね》」の時代《じだい》の開幕《かいまく》に、大いなる鐘《かね》を打《う》ち鳴《な》らす主《しゅ》役《やく》となります。

創価学会の万代《ばんだい》の基盤《きばん》は、すでにできあがっているのです。戸田先生は、「百年後《ひゃくねんご》、二百年後《にひゃくねんご》のために、今《いま》、戦うのだ。二百年先《にひゃくねんさき》には、創価の道《みち》の正しさを歴史《れきし》が証明《しょうめい》する。後世《こうせい》の人類《じんるい》が必《かなら》ず証明《しょうめい》するよ」と言《い》われました。後継《こうけい》を育《そだ》てることは、「世界広布」即《そく》「世界平和《へいわ》」の種《たね》をまき、苗《なえ》を植《う》えることです。全人類《ぜんじんるい》が幸福《こうふく》を満喫《まんきつ》できる未来《みらい》を構築《こうちく》していくことです。創価の未《み》来部《らいぶ》が陸続《りくぞく》と育《そだ》つ限《かぎ》り、人類《じんるい》の未来《みらい》は盤石《ばんじゃく》になっていきます。

さあ、学会創立《そうりつ》100周年《しゅうねん》へ、さらに、100周年《しゅうねん》から次《つぎ》の未来《みらい》へ、滔々《とうとう》たる広宣流布の大河《たいが》の流《なが》れを、永続化《えいぞくか》、恒久化《こうきゅうか》するためにも、今《いま》こそ、共々《ともども》に、使命深《しめいふか》き未来部《みらいぶ》の育成《いくせい》に総力《そうりょく》を挙《あ》げていこうではありませんか！

開目抄《かいもくしょう》

御文（新120ページ・全236ページ）

夫《そ》れ、法華経《ほけきょう》の宝塔品《ほうとうほん》を拝見《はいけん》するに、釈迦《しゃか》・多宝《たほう》・十方分《じっぽうふん》身《じん》の諸仏《しょぶつ》の来集《らいじゅう》はなに《何》心《ごころ》ぞ。「法《ほう》をして久《ひさ》しく住《じゅう》せしめんが故《ゆえ》に、ここに来至《らいし》したまえり」等云々《とううんぬん》。三仏《さんぶつ》の未来《みらい》に法華経《ほけきょう》を弘《ひろ》めて未来《みらい》の一切《いっさい》の仏子《ぶっし》にあた《与》えんとおぼ《思》しめす御心《みこころ》の中《うち》をすい《推》するに、父母《ふぼ》の一子《いっし》の大苦《だいく》に値《あ》うを見《み》るよりも強盛《ごうじょう》にこそみ《見》えたる

現代語訳

法華経の宝塔品《ほうとうほん》を拝見《はいけん》すると、釈迦《しゃか》、多宝《たほう》、十方分身《じっぽうふんじん》の諸仏《しょぶつ》が集《あつ》まってきているのは、どのような心によるのか。それは、「法《ほう》を永遠《えいえん》に存続《そんぞく》させるために、ここに来《き》たのだ」と説《と》かれている。

この（釈迦仏《しゃかぶつ》、多宝仏《たほうぶつ》、十方分身諸仏《じっぽうふんじんしょぶつ》の）三仏《さんぶつ》が未来《みらい》に法華経を弘《ひろ》めて、未来《みらい》の仏子《ぶっし》たる一切衆生《いっさいしゅじょう》に与《あた》えようとする心の中を推《お》し量《はか》ると、

ただ一人のわが子が大きな苦《くる》しみにあっているのを見た父母《ちちはは》の心より
も、はるかに強《つよ》いことがうかがえる。

世界中に陸続《りくぞく》と「伝持《でんじ》の人」を

日蓮大聖人は「開目抄《かいもくしょう》」〈注1〉の結論部分《けつろんぶぶん》で、法華経宝塔品《ほうとうほん》の意義《いぎ》を明《あ》かされています。

多宝如来《たほうにょらい》や、十方分身《じっぽうふんじん》の仏《ほとけ》たちが釈尊《しゃくそん》のもとへ結集《けっしゅう》したのは何《なん》のためか。それは、全人類《ぜんじんるい》を救《すく》う大法《だいほう》を、永遠《えいえん》に流《なが》れ通《かよ》わせ、未来《みらい》の一切衆生《いっさいしゅじょう》に伝《つた》えることを願《ねが》うゆえです。その諸仏《しょぶつ》の心は、ただ一人の苦《くる》しむわが子を救《すく》う親《おや》の思《おも》いよりも強盛《ごうじょう》である、と仰《おお》せです。

仏《ほとけ》の深《ふか》き大慈大悲《だいじだいひ》は、未来永遠《みらいえいえん》に続《つづ》きます。だからこそ、末法《まっぽう》の悪世《あくせ》に、この大慈悲《だいじひ》を受《う》け継《つ》ぎ、妙法を弘《ひろ》めるのは一体誰《いったいだれ》なのか。未来《みらい》を託《たく》す人材《じんざい》を、仏《ほとけ》が求《もと》めてやまないのです。

大聖人は、「一切《いっさい》の仏法《ぶっぽう》もまた人《ひと》によりて弘《ひろ》まるべし」（新516ジペー・全465ジペー）と示《しめ》されました。いくら偉大《いだい》な「法《ほう》」があっても、それを受持《じゅじ》し、弘通《ぐつう》する人がいなければ、その「法《ほう》」の力《ちから》は発揮《はっき》されません。

「伝持《でんじ》の人《ひと》無《な》ければ、なお木石《ぼくせき》の衣鉢《えはつ》を帯持《たいじ》せるがごとし」（新610ジペー・全508ジペー）とも仰《おお》せです。「法《ほう》」を受《う》け継《つ》ぐ「伝持《でんじ》の人《ひと》」がいなければ、ただ木像《もくぞう》や石像《せきぞう》があるだけであって、仏教《ぶっきょう》は全《まった》く形骸化《けいがいか》してしまうのです。

まさしく、令法久住《りょうぼうくじゅう》の真意《しんい》は、悪世末法《あくせまっぽう》に戦《たたか》う真《しん》の勇者《ゆうしゃ》の出現《しゅつげん》を促《うなが》すところにあります。

大聖人の不自惜身命《ふじしゃくしんみょう》の実践《じっせん》が法華経の未来記《みらいき》を証明《しょうめい》しました。そして、創価学会の出現《しゅつげん》は、日蓮仏法の広宣流布・令法久住《りょうぼうくじゅう》の道《みち》を開《ひら》きました。なればこそ、世界中に伝持《でんじ》の後継者《こうけいしゃ》が続々《ぞくぞく》と誕生《たんじょう》していけば、妙法は、いやまして広《ひろ》がり、永遠《えいえん》に輝《かがや》きを放《はな》つ世界平和《へいわ》の時代《じだい》も到来《とうらい》するのです。

この一点でも、後継者《こうけいしゃ》の育成《いくせい》こそが令法久住《りょうぼうくじゅう》の聖業《せいぎょう》であり、未来《みらい》に向《む》けた私たちの広宣流布への責務《せきむ》であると言《い》えるのです。

後継者《こうけいしゃ》の出現《しゅつげん》を喜《よろこ》ばれた大聖人

大聖人は、南条時光《なんじょうときみつ》、藤九郎守綱《とうくろうもりつな》〈注2〉、伊予房《いよぼう》〈注3〉など、門下《もんか》の子どもたちの成長《せいちょう》を、ことのほか喜《よろこ》ばれていました。

「その子《こ》・藤九郎守綱《とうくろうもりつな》は、この跡《あと》をつぎ《継》て一向法華経《いっこうほけきょう》の行者《ぎょうじゃ》となりて」（新1753ページ・全1322ページ）と、母《はは》である千日尼《せんにちあま》に、立派《りっぱ》な信心継承《けいしょう》の子息《しそく》が誕生《たんじょう》したことを賛嘆《さんたん》されています。

また、今《いま》でいう未来部《みらいぶ》の時《とき》から大聖人にお会《あ》いしていた南条時光《なんじょうときみつ》には、亡《な》き父《ちち》をしのばれながら、「御心《みこころ》さえに《似》られけること、い《言》うばかりなし」（新1836ページ・全1507ページ）と、立派《りっぱ》な後継《こうけい》の人材《じんざい》に育《そだ》ったことを喜《よろこ》ばれました。

また、「あい《藍》よりもあお《青》く、水《みず》よりもつめ《冷》たき氷《こおり》かなと、ありがたし、ありがたし」（新1887ページ・全1554ページ）と、従藍而青《じゅうらんにしょう》〈注4〉の原理《げんり》を通《とお》して、激励《げきれい》されているお手紙《てがみ》もあります。

常々《つねづね》、門下《もんか》のことを「法華経《ほけきょう》の命《いのち》を継《つ》ぐ人《ひと》」（新1590ページ・全1169ページ）として大切《たいせつ》にされていた大聖人にとって、いよいよ、共《とも》に戦《たたか》う門下《もんか》の子どもたちが活躍《かつやく》しゆく時代《じだい》を迎《むか》えたことは、何《なに》より喜《よろこ》ばしい出来事《できごと》であったと拝《はい》されます。

今《いま》、絢爛《けんらん》たる世界広宣流布の時代《じだい》に、妙法の家庭《かてい》に生まれてきたことは、そのこと自体《じたい》が計《はか》り知《し》れない福運《ふくうん》であり、一人一人が深《ふか》き使命《しめい》を持《も》っていることは間違《まちが》いありません。

苗《なえ》を植《う》えなければ木は育《そだ》たない

戸田先生は、「学会っ子は、信心という永遠《えいえん》に輝《かがや》く幸福《こうふく》の星《ほし》、勝利《しょうり》の星《ほし》を持《も》って生まれてきた。この子どもたちの成長《せいちょう》を、皆《みな》で祈《いの》ろう！　若《わか》き人材《じんざい》のために学会はあるからだ」と語《かた》られていました。

私が第3代の会長に就任《しゅうにん》し、いち早く高等部《こうとうぶ》、中等部《ちゅうとうぶ》、少年部《しょうねんぶ》の未来部《みらいぶ》を結《けっ》成《せい》したのも、この恩師《おんし》の真情《しんじょう》を受《う》け継《つ》ぐ決意《けつい》からでした。

当時《とうじ》、〝ほかに優先《ゆうせん》すべきことがあるのでは〟という最高幹部《さいこうかんぶ》の声《こえ》もありました。

しかし、私は宣言《せんげん》しました。

「苗《なえ》を植《う》えなければ、木は育《そだ》たない。大樹《たいじゅ》が必要《ひつよう》な時《とき》になって苗《なえ》を植《う》えても、手遅《ておく》れだ。手を打《う》つべき時《とき》を逃《のが》してはならない」と。

時《とき》は待《ま》つものではない。創《つく》るものです。

最《もっと》も心を砕《くだ》き、力《ちから》を注《そそ》がなくてはならないのは、苗《なえ》を植《う》えた時《とき》です。私は、太陽《たいよう》の光《ひかり》を注《そそ》ぎ、滋養《じよう》を贈《おく》る思《おも》いで、高等部《こうとうぶ》の代表《だいひょう》に、「諸法実相抄《しょほうじっそうしょう》」「生死一《しょうじいち》大事血脈抄《だいじけつみゃくしょう》」「佐渡御書《さどごしょ》」などを、全精魂《ぜんせいこん》を込《こ》めて講義《こうぎ》しました。真剣《しんけん》でした。共《とも》に語《かた》り、共《とも》に学び、共《とも》に歌《うた》いました。未来部《みらいぶ》は、結成《けっせい》から今日《こんにち》に至《いた》るま

池田先生夫妻がアメリカ・フロリダ自然文化センターを初訪問。
後継の未来部の友に励ましを送る（1996年6月）

で、私の手作《てづく》りです。

そして、私が何《なに》より頼《たの》もしいのは、私の心を心として未来部《みらいぶ》を大切《たいせつ》にし、私と一緒《いっしょ》に、後継《こうけい》の育成《いくせい》に労《ろう》を惜《お》しまずに皆《みな》さんが立ち上がってくれていることです。

この半世紀《はんせいき》余《あま》り、いずこの地《ち》でも、また、いかなる嵐《あらし》の状況《じょうきょう》の中でも、私と不二《ふに》の祈《いの》りで未来部《みらいぶ》を育《はぐく》んでくださった方《かた》たちがいます。その功労《こうろう》は絶対《ぜったい》に忘《わす》れません。学会は、これだけ多彩《たさい》に未来部《みらいぶ》育成《いくせい》に取《と》り組《く》んできたからこそ、今《こん》日《にち》の大発展《だいはってん》を成《な》し遂《と》げたといっても過言《かごん》ではありません。

人材《じんざい》を育《そだ》てる人こそが、真《しん》の人材《じんざい》です。

私たちが人を育《そだ》てることは、新《あら》たな地涌《じゆ》の人材《じんざい》が活躍《かつやく》する舞台《ぶたい》を築《きず》くことに通《つう》じます。「花《はな》は根《ね》にかえり《帰》、真味《しんみ》は土《つち》にとどまる《留》」（新２６２ジペー・全３２９ジペー）との原理《げんり》のうえから、地涌《じゆ》の勇者《ゆうしゃ》が法《ほう》を弘《ひろ》める功徳《くどく》は、育《そだ》てた人の福徳《ふくとく》にもなります。仏子《ぶっし》を育《はぐく》む果報《かほう》は無量無辺《むりょうむへん》なのです。

上野尼御前御返事《うえののあまごぜんごへんじ》（霊山再会《りょうぜんさいかい》の事《こと》）

御文（新1920㌻・全1576㌻）

子《こ》は財《たから》と申《もう》す経文《きょうもん》あり。妙荘厳王《みょうしょうごんのう》は、一期《いちご》の後《のち》、無間大城《むけんだいじょう》と申《もう》す地獄《じごく》へ堕《お》ちさせ給《たも》うべかりしが、浄蔵《じょうぞう》と申《もう》せし太子《たいし》にすくわれ《救》て、大地獄《だいじごく》の苦《く》をまぬかれ《免》させ給《たも》うのみならず、娑《しゃ》羅樹王仏《らじゅおうぶつ》と申《もう》す仏《ほとけ》とならせ《成》給《たも》う。青提女《しょうだいにょ》と申《もう》せし女人《にょにん》は、慳《けん》貪《どん》のとが《咎》によって餓鬼道《がきどう》に堕《お》ちて候《そうら》いしが、目連《もくれん》と申《もう》す子《こ》にたすけ《助》られて、餓鬼道《がきどう》を出《い》で候《そうら》いぬ。されば、子《こ》を財《たから》と申《もう》す経文《きょうもん》たがう《違》こととなし。

現代語訳

「子は財《たから》である」という経文《きょうもん》があります。（法華経に説《と》かれる）妙荘厳《みょうしょうごん》王《のう》は、一生を終《お》えた後《あと》、無間大城《むけんだいじょう》という地獄《じごく》へ堕《お》ちるはずでしたが、（妙荘厳王《みょうしょうごんのう》の子どもで）浄蔵《じょうぞう》という太子《たいし》に救《すく》われて、大地獄《だいじごく》の苦《く》を免《まぬか》れただけでなく、娑羅樹王仏《しゃらじゅおうぶつ》という仏《ほとけ》になられたのです。

青提女《しょうだいにょ》という女人は、慳貪《けんどん》（貪欲《どんよく》で、ものを独《ひと》り占《じ》めして人に与《あた》えないこと）の罪《つみ》によって餓鬼道《がきどう》（飢《う》えと渇《かわ》きに苦《くる》しむ世界）に堕《お》ちていましたが、（釈尊《しゃくそん》の十大弟子《じゅうだいでし》の一人である）目連《もくれん》という息子《むすこ》に助《たす》けられて餓鬼道《がきどう》を出ることができました。それゆえ、「子は財《たから》である」という経文《きょうもん》は間違《まちが》いありません。

親子《おやこ》一体《いったい》、親子《おやこ》同時《どうじ》の成仏《じょうぶつ》

「上野尼《うえののあま》御前《ごぜん》御返事《ごへんじ》（霊山再会《りょうぜんさいかい》の事《こと》）」〈注5〉は、大事《だいじ》な息子《むすこ》・七郎五郎殿《しちろうごろうどの》（南《なん》条時光《じょうときみつ》の弟に当《あ》たる）を亡《な》くした母親《ははおや》・上野尼《うえののあま》に宛《あ》てたお手紙《てがみ》です。

大聖人は、最《もっと》も深《ふか》い悲《かな》しみの母《はは》に、〝息子《むすこ》さんは生死《しょうじ》を超《こ》えて、必《かなら》ずあなたを救《すく》ってくれますよ〟と、渾身《こんしん》の励《はげ》ましを送《おく》られています。

ここでは、子が親《おや》を救《すく》う例《れい》として、妙荘厳王《みょうしょうごんのう》〈注6〉の子《こ》、青提女《しょうだいにょ》〈注7〉の子《こ》が挙《あ》げられています。

生死《しょうじ》を超《こ》えて、子どもの信心で必《かなら》ず親《おや》を成仏《じょうぶつ》させることも、親《おや》の信心で必《かなら》ず子どもを成仏《じょうぶつ》させることもできます。妙法でつながった家族《かぞく》は三世《さんぜ》の宿習《しゅくじゅう》です。「我《わ》が頭《こうべ》は父母《ふぼ》の頭《こうべ》、我《わ》が足《あし》は父母《ふぼ》の足《あし》、我《わ》が十指《じっし》は父母《ふぼ》の十指《じっし》、我《わ》が口《くち》は父母《ふぼ》の口《くち》」（新1319ページ・全977ページ）です。親《おや》と子は一体《いったい》であり、同時《どうじ》の成《じょう》仏《ぶつ》であるとの原理《げんり》を教《おし》えてくださっているのです。

「子どもは久遠元初《くおんがんじょ》からの使者《ししゃ》」

戸田先生は、幼子《おさなご》を連《つ》れて奮闘《ふんとう》する母親《ははおや》に、「子どもは久遠元初《くおんがんじょ》からの使者《ししゃ》だよ。親《おや》をはじめ、皆《みな》を仏《ほとけ》にするために生まれてきたのだ」と、よく語《かた》られていました。また、子育《こそだ》てに悩《なや》んでいる方《かた》には、「手のかかる子ほど立派《りっぱ》に育《そだ》つものだよ」とも励《はげ》まされました。

たとえ子どもが悩《なや》みの種《たね》となっていたとしても、それによって親《おや》や家族《かぞく》が信心を深《ふか》める契機《けいき》となれば、その子は、実《じつ》は親孝行《おやこうこう》しているのと同《おな》じです。

なかには、今《いま》、子どもが信心に励《はげ》んでいないという場合《ばあい》もあるでしょう。しかし、焦《あせ》ることはない。肩身《かたみ》の狭《せま》い思《おも》いなどする必要《ひつよう》もありません。大事《だいじ》なことは、日々、子どもの成長《せいちょう》と幸《しあわ》せを祈《いの》り続《つづ》けていくことです。

祈《いの》りは、必《かなら》ず子どもの仏性《ぶっしょう》に届《とど》いています。久遠《くおん》の使命《しめい》が花開《はなひら》きます。そして将来《しょうらい》、その子の眷属《けんぞく》に、信心強盛《ごうじょう》な地涌《じゆ》の同志《どうし》が陸続《りくぞく》と誕生《たんじょう》します。使命《しめい》を持《も》たない子どもなど、断《だん》じて存在《そんざい》しません。必《かなら》ず「おやをみちびく身《み》」（新1

255ページ・全931ページ）として生まれてきたのです。

親《おや》が子に託《たく》す「心の財《たから》」

私たち親《おや》が子に残《のこ》せる財産《ざいさん》とは、一体《いったい》、何《なん》でしょうか。

大聖人は、「蔵《くら》の財《たから》よりも身《み》の財《たから》すぐれ《勝》たり、身《み》の財《たから》より心《こころ》の財《たから》第一《だいいち》なり」（新1596ページ・全1173ページ）と仰《おお》せです。「蔵《くら》の財《たから》」「身《み》の財《たから》」も大切《たいせつ》ですが、真《しん》の幸福《こうふく》を築《きず》くのは「心の財《たから》」です。

同《おな》じ原理《げんり》で、親《おや》が子どもに託《たく》せる最高《さいこう》の財《たから》は、「心の財《たから》」以外《いがい》にありません。その「心の財《たから》」を積《つ》む信心と生き方をどう継承《けいしょう》していくか。そこで重要《じゅうよう》なのが、大聖人が仏《ほとけ》の「出世《しゅっせ》の本懐《ほんかい》」とまで仰《おお》せの「人の振《ふ》る舞《ま》い」です。

親《おや》として子どもに接《せっ》する「振《ふ》る舞《ま》い」を通《とお》して、「心の財《たから》」も伝《つた》わるのです。

かつて私が、家庭《かてい》での教育《きょういく》について語《かた》ったポイントも、いわば親《おや》としての「人の振《ふ》る舞《ま》い」を説《と》いたものにほかなりません。

①信心は一生。今《いま》は勉学第一《べんがくだいいち》で
②子どもと交流《こうりゅう》する日々の工夫《くふう》を
③父母《ふぼ》が争《あらそ》う姿《すがた》を見せない
④父母《ふぼ》が同時《どうじ》には叱《しか》らない
⑤公平《こうへい》に。他《ほか》の子と比較《ひかく》しない
⑥親《おや》の信念《しんねん》の生き方を伝《つた》えよう

聡明《そうめい》な振《ふ》る舞《ま》いこそが大切《たいせつ》です。根本《こんぽん》は、子どもを尊重《そんちょう》する「人を敬《うやま》う」実《じっ》践《せん》です。

「子どもが学校に行くようになったら、手を振《ふ》って送《おく》ってあげる」「多忙《たぼう》で離《はな》れていても、電話《でんわ》や手紙《てがみ》で励《はげ》ましてあげる」等々《とうとう》、戸田先生も、わが家《や》に具体《ぐたい》的《てき》なアドバイスをくださっていました。

時《とき》には子どもが寝坊《ねぼう》して、勤行をしないで学校に出かけたこともあります。そんな時《とき》、妻《つま》は「しっかり祈《いの》っておくから、大丈夫《だいじょうぶ》よ！」と、笑顔《えがお》で気持《きも》ちよく送《おく》り出《だ》していました。

信心は一生です。ですから長《なが》い目でおおらかに見守《みまも》り、子どもを、信心のことで窮屈《きゅうくつ》にさせてはいけません。安心《あんしん》して、伸《の》び伸《の》びとさせていくことです。

戸田先生は、「親《おや》も子も共《とも》に、大聖人の仏子《ぶっし》である。学会の庭《にわ》で子どもと一《いっ》緒《しょ》に伸《の》びていこう！　この一念《いちねん》から変《か》わっていくんだよ」とも語《かた》られていました。

親《おや》が懸命《けんめい》に学会活動《かつどう》に励《はげ》む姿《すがた》を、子どもは見ています。一緒《いっしょ》に勤行することも大事《だいじ》です。こちらの一念《いちねん》が変《か》わっていけば、必《かなら》ず親子《おやこ》共《とも》に、「心の財《たから》」を積《つ》みながら、和楽《わらく》の一家《いっか》を築《きず》いていくことができるのです。

「学会の庭《にわ》」で一緒《いっしょ》に成長《せいちょう》

現代《げんだい》にあって、子どもは、一家《いっか》の宝《たから》であるだけでなく、地域《ちいき》の宝《たから》であり、社会《しゃかい》の宝《たから》、国の宝《たから》、人類《じんるい》の宝《たから》であるという視点《してん》が、ますます重要《じゅうよう》になっています。

いわんや、学会っ子は、広布のバトンを受《う》け継《つ》いでくれる〝私たちの信心の後継者《こうけいしゃ》〟です。皆《みな》で温《あたた》かく見守《みまも》り、励《はげ》まし、一緒《いっしょ》になって大事《だいじ》に育《そだ》てていきたい。子育《こそだ》て家族《かぞく》に対《たい》する濃《こま》やかな配慮《はいりょ》も、いっそう求《もと》められる時代《じだい》に入りました。そして、子どもを見かけた時《とき》や、家庭訪問《かていほうもん》の時《とき》に、積極的《せっきょくてき》に声《こえ》をかけていきたい。

親《おや》の言葉《ことば》だけでは伝《つた》わりにくいことも、地域《ちいき》のおじちゃん、おばちゃん、あるいは、お兄《にい》さん、お姉《ねえ》さん、おじいちゃん、おばあちゃんからなら、素直《すなお》に聞《き》ける――そういうこともたくさんあります。

「お父《とう》さんは、皆《みな》のために頑張《がんば》っているんだよ。立派《りっぱ》なお父《とう》さんだね」「お母《かあ》さんが相談《そうだん》に乗《の》ってくれて、本当《ほんとう》に助《たす》かっているの」「留守番《るすばん》してくれてありがとう。お父《とう》さんもお母《かあ》さんも感謝《かんしゃ》していたよ」等《とう》と語《かた》りかけていく。学会家《か》族《ぞく》の温《あたた》かい一声《ひとこえ》が、子どもの胸中《きょうちゅう》に一生涯残《いっしょうがいのこ》る「心の宝石《ほうせき》」になるからです。

総勘文抄《そうかんもんしょう》（三世諸仏総勘文教相廃立《さんぜしょぶつそうかんもんきょうそうはいりゅう》）

御文　（新728ページ・全574ページ）

「縁《えん》」とは、三因仏性《さんいんぶっしょう》は有《あ》りといえども、善知識《ぜんちしき》の縁《えん》に値《あ》わざれば、悟《さと》らず知《し》らず顕《あらわ》れず、善知識《ぜんちしき》の縁《えん》に値《あ》えば、必《かなら》ず顕《あらわ》るるが故《ゆえ》に、縁《えん》と云《い》うなり。（中略）

春《はる》の時《とき》来《きた》って風雨《ふうう》の縁《えん》に値《あ》いぬれば、無心《むしん》の草木《そうもく》も皆《みな》ことごとく萌《も》え出《い》でて花《はな》を生《しょう》じ、敷《さ》き栄《さか》えて世《よ》に値《あ》う気色《けしき》なり。秋《あき》の時《とき》に至《いた》って月光《げっこう》の縁《えん》に値《あ》いぬれば、草木皆《そうもくみな》ことごとく実《み》成《な》り熟《じゅく》して、一切《いっさい》の有情《うじょう》を養育《よういく》し寿命《じゅみょう》を続《つ》ぎ長養《じょうよう》し、終《つい》に成《じょう》仏《ぶつ》の徳用《とくゆう》を顕《あらわ》す。これを疑《うたが》い、これを信《しん》ぜざるの人《ひと》有《あ》るべしや。無心《むしん》の草木《そうもく》すら、なおもってかくのごとし。いかにいわんや人倫《じんりん》においてをや。

現代語訳

縁《えん》とは、三因仏性《さんいんぶっしょう》（三種の仏性《ぶっしょう》。仏性《ぶっしょう》と、それをあらわす智慧《ちえ》と助縁《じょえん》）はあるといっても、善知識《ぜんちしき》の縁《えん》に値《あ》わなければ、これを悟《さと》らず、知《し》らず、またあらわれることもない。善知識《ぜんちしき》の縁《えん》に値《あ》えば必《かなら》ずあらわれるゆえに縁《えん》というのである。（中略）

春《はる》の時《とき》が来《き》て風雨《ふうう》の縁《えん》に値《あ》えば、無心《むしん》の草木《くさき》も皆《みな》ことごとく萌《も》え出《い》でて花《はな》を生《しょう》じ、その花《はな》が咲《さ》き栄《さか》えて世間《せけん》に出る気色《けしき》である。秋《あき》になって月の光《ひかり》の縁《えん》に値《あ》えば、草木《くさき》は皆《みな》ことごとく実《み》が熟《う》れて、一切《いっさい》の有情《うじょう》を養育《よういく》し、その寿命《じゅみょう》を延《の》べて長《なが》く養《やしな》い、ついに成仏《じょうぶつ》の徳用《とくゆう》をあらわすのである。
これを疑《うたが》い、信《しん》じない人があろうか。無心《むしん》の草木《くさき》でさえ、なおこのとおりである。まして人間においてはなおのことである。

可能性《かのうせい》を開《ひら》く善知識《ぜんちしき》の存在《そんざい》

「総勘文抄《そうかんもんしょう》」〈注8〉で、仏《ほとけ》がこの世《よ》に出現《しゅつげん》した究極《きゅうきょく》の目的《もくてき》である一切衆生《いっさいしゅじょう》の成仏《じょうぶつ》を実現《じつげん》するためには、何《なに》よりも、「縁《えん》」が重要《じゅうよう》であると記《しる》された箇所《かしょ》です。

「善知識《ぜんちしき》の縁《えん》に値《あ》えば、必《かなら》ず顕《あらわ》るる」と仰《おお》せのように、善知識《ぜんちしき》という信心の良《よ》き縁《えん》との触《ふ》れ合《あ》いによって、私たち自身《じしん》に仏性《ぶっしょう》があることを覚《さと》り、あらわすことができます。

子どもたちにも、自《みずか》らの可能性《かのうせい》を信《しん》じ、自分《じぶん》という存在《そんざい》を尊《とうと》ぶことができるようにするために、「善知識《ぜんちしき》」が必要《ひつよう》です。

〝春《はる》に雨にあって草木が萌《も》え出《い》でて花が生ずる〟ように、〝秋《あき》に月《つき》の光《ひかり》を浴《あ》びて果実《かじつ》が熟《じゅく》す〟ように、「善知識《ぜんちしき》」すなわち「よき友《とも》」の存在《そんざい》が、若《わか》き生命《せいめい》を強《つよ》く正しく育《はぐく》んでいくのです。

その最高《さいこう》の善知識《ぜんちしき》の集《つど》いこそ、わが創価学会であると、あらためて確認《かくにん》しておきたい。いうならば、善知識《ぜんちしき》に触発《しょくはつ》されて、自身《じしん》の生命《せいめい》に秘《ひ》められた力《ちから》を発《はっ》揮《き》するのが学会員です。善知識《ぜんちしき》のネットワークに身《み》を置《お》くことで、自身《じしん》の本来《ほんらい》の使命《しめい》が大きく開花《かいか》します。

「一人を大切《たいせつ》にする」「この世《よ》から不幸《ふこう》をなくす」「どんな人も必《かなら》ず幸福《こうふく》になれる」等《とう》、妙法に則《のっと》った生き方や信念《しんねん》は、学会員の戦う姿《すがた》に触《ふ》れることで受《う》け継《つ》がれていきます。

だからこそ、未来《みらい》っ子は「学会の庭《にわ》」で育《そだ》てていきたい。そのためには、なぜ、わが家《や》が学会に入会《にゅうかい》したのか。時《とき》には、一家《いっか》の広布の歴史《れきし》や発心《ほっしん》した原点《げんてん》など、信心のルーツを語《かた》り伝《つた》えることです。地域《ちいき》の同志《どうし》が語《かた》る蘇生《そせい》の体験談《たいけんだん》に、座談会《ざだんかい》などで一緒《いっしょ》にふれることも大きな触発《しょくはつ》になります。

「恩愛《おんあい》にて人となりし為《ため》」

現在《げんざい》、壮年・婦人部（現・女性部）の未来本部長《みらいほんぶちょう》や青年部の未来部担当者《みらいぶたんとうしゃ》をはじめ、地域《ちいき》の同志《どうし》が、若《わか》き友《とも》に温《あたた》かく接《せっ》してくださっています。何《なん》でも聞《き》いてくれる、親身《しんみ》に相談《そうだん》に乗《の》ってくれる、一緒《いっしょ》に真剣《しんけん》に祈《いの》ってくれる——その真心《まごころ》の励《はげ》ましこそ、未来部《みらいぶ》の成長《せいちょう》の原動力《げんどうりょく》です。

努力《どりょく》の大医学者《だいいがくしゃ》・野口英世《のぐちひでよ》〈注9〉は、小学校時代《じだい》の恩師《おんし》への手紙《てがみ》につづっています。

「人生の最大《さいだい》の愉快《ゆかい》は人の為《な》すなる事業《じぎょう》を成《な》し得《う》るを証《しょう》し、次《つぎ》に人の為《な》し難《がた》き貧苦《ひんく》の好友《こうゆう》となりて彼等《かれら》を救《すく》ふに在《あ》り」

人間として生まれ、偉大《いだい》な事業《じぎょう》を成《な》し遂《と》げ、苦《くる》しむ人々のために役《やく》に立てることが、最大《さいだい》の幸福《こうふく》であると感《かん》じていると言《い》うのです。

では、どうしてそういう人生を歩《あゆ》むことができたのか。手紙《てがみ》には次《つぎ》のようにあります。

「幼《おさな》きより人の恩愛《おんあい》にて人となりし為《ため》」

幼《おさな》い時《とき》、やけどで手が不自由《ふじゆう》になった彼《かれ》を守《まも》り、応援《おうえん》してくれる人が、たくさんいた。その慈愛《じあい》が、偉人《いじん》・野口英世《のぐちひでよ》を作《つく》ったのです。

創価の世界も、無数《むすう》の同志《どうし》の真心《まごころ》の結集《けっしゅう》によって、無数《むすう》の人材《じんざい》を輩出《はいしゅつ》してきました。

あとに続《つづ》く人を自分以上《じぶんいじょう》の人材《じんざい》にしていく。自分《じぶん》が先輩《せんぱい》から激励《げきれい》してもらった以上《いじょう》に、後輩《こうはい》を大切《たいせつ》に激励《げきれい》していく——この最《もっと》も尊《とうと》い魂《たましい》の触発《しょくはつ》が、学会の人《じん》材育成《ざいいくせい》の伝統《でんとう》です。

「未来部《みらいぶ》七つの指針《ししん》」

2016年（平成28年）は、5・5「創価学会後継者《こうけいしゃ》の日」制定《せいてい》40周年《しゅうねん》の佳《か》節《せつ》です。1976年（昭和51年）5月5日、関西戸田記念講堂《かんさいとだきねんこうどう》で開催《かいさい》された未来部《みらいぶ》の勤行会《ごんぎょうかい》で、私は5月5日を「創価学会後継者《こうけいしゃ》の日」とすることを発表《はっぴょう》しました。

私は、皆《みな》の成長《せいちょう》を心から願《ねが》い、一人一人と約束《やくそく》を交《か》わす思《おも》いで六つの指針《ししん》を贈《おく》りました。後《のち》にもう一つ加《くわ》えて、21世紀《せいき》の指針《ししん》としました〈2013年〈平成25年〉5月〉。

①「健康《けんこう》でいこう」
②「本を読《よ》もう」
③「常識《じょうしき》を忘《わす》れないでいこう」
④「決《けっ》して焦《あせ》らないでいこう」
⑤「友人《ゆうじん》をたくさんつくろう」
⑥「まず自《みずか》らが福運《ふくうん》をつけよう」
⑦「親孝行《おやこうこう》しよう」

第4章

この「七つの指針《ししん》」を、未来部《みらいぶ》の友《とも》が挑戦《ちょうせん》してくれています。私には、その成長《せいちょう》し活躍《かつやく》する洋々《ようよう》たる前途《ぜんと》、そして世界広布の壮大《そうだい》なる将来像《しょうらいぞう》が胸《むね》に浮《う》かび、心が躍《おど》ります。

我《わ》れ今《いま》あとを継《つ》がん

今《いま》、未来部歌《みらいぶか》として歌《うた》われている「正義《せいぎ》の走者《そうしゃ》」は、当初《とうしょ》、高等部歌《こうとうぶか》として発表《はっぴょう》されました。直後《ちょくご》の1978年（昭和53年）8月3日、東京・立川文化会館《たちかわぶんかかい　かん》に全国《ぜんこく》の友《とも》が集《あつ》まり、第《だい》11回高等部総会《かいこうとうぶそうかい》が開《ひら》かれました。

私は「ひとたび決《き》めた信念《しんねん》を生涯《しょうがい》、貫《つらぬ》いていく人に」と期待《きたい》を寄《よ》せました。「全員《ぜんいん》で肩《かた》を組《く》みながら歌《うた》おうよ。固《かた》いスクラムを組《く》む皆《みな》の勇姿《ゆうし》が見たいんだ」と提案《ていあん》した私に、皆《みな》、生き生きとスクラムを組《く》んで、輝《かがや》く顔《かんばせ》で歌《うた》ってくれました。

〽我《わ》れ今《いま》あとを　継《つ》がんとて
心凛々《りり》しく　時待《ときま》たん……

命《いのち》と命《いのち》が〝一つ〟になった高等部員《こうとうぶいん》の轟《とどろ》く歌声《うたごえ》は、今《いま》も鮮烈《せんれつ》に蘇《よみがえ》ってきます。〝我《わ》れ〟とは、他《ほか》のだれでもありません。私たち一人一人です。
永遠《えいえん》に勝《か》ち栄《さか》えゆく未来《みらい》の創価を創《つく》るため、全同志《ぜんどうし》がスクラムを組《く》んで、〝正義《せいぎ》の走者《そうしゃ》〟をいやまして育《そだ》てゆこうではありませんか！

［注　解］

〈注1〉【開目抄《かいもくしょう》】佐渡流罪中《さどるざいちゅう》、塚原《つかはら》で御述作《ごじゅっさく》になり、文永《ぶんえい》9年（1272年）2月、門下一同《もんかいちどう》に与《あた》えられた書《しょ》。日蓮大聖人こそが末法《まっぽう》の主師親三徳《しゅししんさんとく》であることが明《あ》かされている。

〈注2〉【藤九郎守綱《とうくろうもりつな》】生没年不明《せいぼつねんふめい》。日蓮大聖人御在世当時《ございせとうじ》の門下《もんか》。阿仏房《あぶつぼう》・千日尼《せんにちあま》の子息《しそく》。弘安《こうあん》2年（1279年）3月に死去《しきょ》した阿仏房《あぶつぼう》の遺骨《いこつ》を携《たずさ》えて、同年《どうねん》7月、身延《みのぶ》の大聖人のもとを訪《おとず》れた。また、翌年《よくねん》も墓参《ぼさん》のために訪《おとず》れており、大聖人は阿仏房《あぶつぼう》の信心を継承《けいしょう》する藤《とう》九郎《くろう》を賞讃《しょうさん》している。

〈注3〉【伊予房《いよぼう》】日蓮大聖人御在世当時《ございせとうじ》の弟子《でし》。母《はは》の富木尼《ときあま》が再嫁《さいか》したことで、富木常忍《ときじょうにん》が義父《ぎふ》となる。大聖人のもとで薫陶《くんとう》を受《う》ける。大聖人から富木尼宛《ときあまあ》ての幾通《いくつう》かの手紙《てがみ》には伊予房《いよぼう》の様子《ようす》が示《しめ》されている。後《のち》に日頂《にっちょう》と名乗《なの》り、六老僧《ろくろうそう》の一人に定《さだ》められた。最後《さいご》は日興上人《にっこうしょうにん》に帰伏《きぶく》した。

〈注4〉【従藍而青《じゅうらんにしょう》】本書77ページ参照。

〈注5〉【上野尼御前御返事《うえののあまごぜんごへんじ》（霊山再会《りょうぜんさいかい》の事《こと》）】弘安《こうあん》4年（1281年）1月、上野尼《うえののあま》へのお手紙《てがみ》。若《わか》くして死《し》んだ子息《しそく》の七郎五郎《しちろうごろう》のことを偲《しの》び、死《し》んだわが子にいま一度会《いちどあ》いたいという母《はは》の気持《きも》ちを思《おも》いやられている。

〈注6〉【妙荘厳王《みょうしょうごんのう》】法華経妙荘厳王本事品《みょうしょうごんのうほんじほん》第27に説《と》かれた王。バラモンの教《おし》えに執着《しゅうちゃく》していたが、先に仏法に帰依《きえ》した妻《つま》の浄徳夫人《じょうとくふじん》と、浄蔵《じょうぞう》・浄眼《じょうげん》という二人の息子《むすこ》に導《みちび》かれて仏道《ぶつどう》に入ることができた。

〈注7〉【青提女《しょうだいにょ》】釈尊《しゃくそん》の十大弟子《でし》の一人・目連《もくれん》の母《はは》。慳貪《けんどん》の業《ごう》によって餓鬼道《がきどう》に堕《お》ちていた母《はは》を、目連《もくれん》が神通力《じんずうりき》によって救《すく》おうとしたが叶《かな》わず、釈尊《しゃくそん》に教《おし》えを請《こ》うことで、救《すく》うことができたとされている。

〈注8〉【総勘文抄《そうかんもんしょう》】「三世諸仏総勘文教相廃立《さんぜしょぶつそうかんもんきょうそうはいりゅう》」。弘安《こうあん》2年（１２７９年）に著《あらわ》されたと考《かんが》えられるが詳細《しょうさい》は不詳《ふしょう》。題号《だいごう》の意《い》は、過去《かこ》・現在《げんざい》・未来《みらい》の諸々《もろもろ》の仏《ほとけ》は、方便《ほうべん》の権教《ごんきょう》を廃《はい》して自行《じぎょう》真実《しんじつ》の法華経を立てることを真意《しんい》とした、ということ。法華経が真実《しんじつ》の教《おし》えであることを教相《きょうそう》のうえから証明《しょうめい》している。

〈注9〉【野口英世《のぐちひでよ》】１８７６年～１９２８年。細菌学者《さいきんがくしゃ》。福島県の農家《のうか》に生まれ、苦学《くがく》して医術《いじゅつ》開業試験《かいぎょうしけん》に合格《ごうかく》。伝染病研究所員《でんせんびょうけんきゅうしょいん》を経《へ》て、渡米《とべい》。梅毒病原体《ばいどくびょうげんたい》の研究《けんきゅう》で功績《こうせき》をあげた後《あと》、南《なん》米《べい》、さらにアフリカで黄熱病《おうねつびょう》の研究《けんきゅう》に取《と》り組《く》むなか感染《かんせん》し死去《しきょ》。言葉《ことば》の引用は、『野口英世　第二巻　書簡』丹実編、講談社。

今《いま》いる場所《ばしょ》こそ寂光土《じゃっこうど》

広宣流布は、どこまでも、人と人とが信頼《しんらい》し合《あ》い、友情《ゆうじょう》を結《むす》び合《あ》っていくなかで前進《ぜんしん》していきます。

一人一人が自分《じぶん》らしく輝《かがや》きながら、互《たが》いに尊敬《そんけい》し励《はげ》まし合《あ》って、万人《ばんにん》の生命《せいめい》の尊厳性《そんげんせい》の開花《かいか》へ、そして、仏国土《ぶっこくど》の建設《けんせつ》へ、生《い》き生《い》きと連帯《れんたい》を広《ひろ》げていくのです。

まさに、法華経の、万人《ばんにん》に具《そな》わった仏界《ぶっかい》の尊極《そんごく》さと、壮大《そうだい》なる菩薩《ぼさつ》の連帯《れんたい》を示《しめ》した虚空会《こくうえ》〈注1〉の世界を、この現実《げんじつ》の舞台《ぶたい》に現出《げんしゅつ》させることが広宣流布の戦《たたか》いです。

それは、差異《さい》や分断《ぶんだん》を超《こ》え、一人一人の尊厳《そんげん》が尊重《そんちょう》され、個性豊《こせいゆた》かに輝《かがや》きゆく慈愛《じあい》の世界にほかなりません。この偉大《いだい》な理想《りそう》の実現《じつげん》へ、私たちは着実《ちゃくじつ》に前進《ぜんしん》したい。

個々《ここ》の人間革命が宗教革命に

若《わか》き日に、恩師《おんし》・戸田城聖《じょうせい》先生のもとで学《まな》んだ小説《しょうせつ》『永遠《えいえん》の都《みやこ》』〈注2〉が思《おも》い出《だ》されます。イギリスの作家《さっか》ホール・ケインの名作《めいさく》です。主人公《しゅじんこう》の革命児《かくめいじ》ロッシィが、革命に参加《さんか》する人々に語《かた》る場面《ばめん》があります。

「もし〝人間共和《きょうわ》〟がいつ実《み》を結《むす》ぶのかと聞《き》かれたら、われわれはこう答《こた》えればよいのです、たとえば、まずあそこにひとつ、ここにひとつ、あるいはあそこの国、ここの国といったように、世界が〝人間共和《きょうわ》〟をつくりあげるような下地《したじ》が出《で》てくれれば、従来《じゅうらい》の世界を支配《しはい》してきた権力《けんりょく》は、こんどは〝人間共《きょう》和《わ》〟によって支配《しはい》されるようになるだろう、と」

戸田先生は、こうした小説《しょうせつ》の名作《めいさく》を通《とお》して、広宣流布という人類未聞《じんるいみもん》の大業《たいぎょう》を成《な》し遂《と》げるために重要《じゅうよう》な〝同志《どうし》の絆《きずな》〟や〝不屈《ふくつ》の覚悟《かくご》〟を教《おし》えてくださいました。

とともに、私たちが目指《めざ》す宗教革命《しゅうきょうかくめい》は、武力《ぶりょく》や権力《けんりょく》による革命《かくめい》ではなく、

「おのおの、個々《ここ》の人間革命を行《おこな》うことによってのみ、宗教革命《しゅうきょうかくめい》が行《おこな》われる」

と、強調《きょうちょう》されたのです。

わが尊《とうと》き同志《どうし》は、この「人間革命」即《そく》「広宣流布」の大道《だいどう》に生《い》き抜《ぬ》き、それぞれの使命《しめい》の地域《ちいき》にあって人と人を結《むす》び、心を通《かよ》わせながら、社会《しゃかい》の発展《はってん》に貢献《こうけん》してきました。

今《いま》、世界中《じゅう》のあの地《ち》にも、この地にも、その麗《うるわ》しい人間主義《しゅぎ》の大連帯《だいれんたい》が生《う》まれています。

「人間共和《きょうわ》の永遠《えいえん》の都《みやこ》」を、現代《げんだい》において築《きず》いてきたのが、創価の宝友《ほうゆう》で

す。来《く》る日も来《く》る日も、徹底《てってい》して誠実《せいじつ》と真心《まごころ》の行動《こうどう》を貫《つらぬ》いた同志《どうし》が積《つ》んできた「心の財《たから》」が、三世永遠《さんぜえいえん》に輝《かがや》くことは絶対《ぜったい》に間違《まちが》いありません。

地域本部《ちいきほんぶ》の友の社会貢献《しゃかいこうけん》

日本で、先頭《せんとう》に立《た》って地域《ちいき》広布を進《すす》めてきたのが、6月25日に「部《ぶ》の日」を迎《むか》える「団地部《だんちぶ》」（後の幸福城部《こうふくじょうぶ》）の友をはじめ、地域本部《ちいきほんぶ》の皆《みな》さんです。

1978年（昭和53年）のその日、団地部《だんちぶ》の結成《けっせい》5周年《しゅうねん》を記念《きねん》する第1回全《ぜん》国大会《こくたいかい》が、東西で行《おこな》われました。私も東京・立川文化会館《たちかわぶんかかいかん》での会合《かいごう》に出席《しゅっせき》し、申《もう》し上《あ》げました。

「われわれこそ、もっとも理想的《りそうてき》な人間の協調《きょうちょう》の社会《しゃかい》をつくりあげている主《しゅ》体者《たいしゃ》なのだという気持《きも》ちで、団地生活《だんちせいかつ》をより楽《たの》しく、はつらつと社会の最前線《さいぜんせん》で活躍《かつやく》していかれるよう願《ねが》ってやみません」と。

団地部《だんちぶ》、地域部《ちいきぶ》、勝利島部《しょうりとうぶ》、農漁光部《のうぎょこうぶ》の地域本部《ほんぶ》の同志《どうし》は、「その国《くに》の仏法《ぶっぽう》は貴辺《きへん》に任《まか》せたてまつり候《そうろう》ぞ」（新1953ページ・全1467ページ）との仰《おお》せのままに、広布に邁進《まいしん》し、社会《しゃかい》に友好《ゆうこう》と信頼《しんらい》の輪《わ》を広《ひろ》げてこられました。

ここで改《あらた》めて、その誉《ほま》れの使命《しめい》と地域《ちいき》広布の実践《じっせん》のあり方《かた》を、御書を拝《はい》しながら確認《かくにん》していきましょう。

御義口伝《おんぎくでん》

御文（新1086ページ・全781ページ）

御義口伝《おんぎくでん》に云《い》わく、「此人《しにん》」とは、法華経《ほけきょう》の行者《ぎょうじゃ》なり。法華《ほけ》経《きょう》を持《たも》ち奉《たてまつ》る処《ところ》を、「当詣道場《とうけいどうじょう》」と云《い》うなり。ここを去《さ》ってかしこに行《い》くにはあらざるなり。「道場《どうじょう》」とは、十界《じっかい》の衆生《しゅじょう》の住《じゅう》所《しょ》を云《い》うなり。今《いま》、日蓮等《にちれんら》の類《たぐ》い、南無妙法蓮華経と唱《とな》え奉《たてまつ》る者《もの》の住所《じゅうしょ》は、山谷曠野《せんごくこうや》、皆《みな》、寂光土《じゃっこうど》なり。これを「道場《どうじょう》」と云《い》うなり。

現代語訳

〈普賢品六箇《ふげんぼんろっか》の大事《だいじ》　第六　「此人不久当詣道場《しにんふくとうけいどうじょう》（この人は久《ひさ》しからずして当《まさ》に道場に詣《いた》るべし）」の事《こと》〉

「御義口伝《おんぎくでん》」には、こう仰《おお》せである。

経文《きょうもん》の「此《こ》の人《ひと》（釈尊《しゃくそん》の滅後《めつご》に法華経を受持《じゅじ》し、読誦《どくじゅ》する者《もの》）」とは、法華経の行者《ぎょうじゃ》である。法華経を受持《じゅじ》する所《ところ》を「当詣道場《とうけいどうじょう》（当《まさ》に道場《どうじょう》に詣《いた》るべし）」というのである。

ここ（娑婆世界《しゃばせかい》）を去《さ》って、かしこ（極楽浄土等《ごくらくじょうどとう》の他《ほか》の国土《こくど》）へ行《い》くことではない。「道場《どうじょう》」とは十界《じっかい》の衆生《しゅじょう》の住所《じゅうしょ》をいうのである。

いま南無妙法蓮華経と唱《とな》える日蓮とその門下《もんか》の住所《じゅうしょ》は、それが山であれ、谷《たに》であれ、原野《げんや》であれ、いずこも寂光土《じゃっこうど》である。これを「道場《どうじょう》（法《ほう》が説《と》かれる場《ば》、修行《しゅぎょう》する場《ば》）」というのである。

最初《さいしょ》に「御義口伝《おんぎくでん》」〈注3〉の一節《いっせつ》を学《まな》びます。法華経の最終章《さいしゅうしょう》である普賢《ふげん》品《ぼん》の経文《きょうもん》を展開《てんかい》された御文《ごもん》です。

妙法を受持《じゅじ》し、修行《しゅぎょう》する人、つまり法華経の行者《ぎょうじゃ》が今《いま》いる場所《ばしょ》は、それがいずこの地《ち》であれ、最高《さいこう》の「道場《どうじょう》」である――。すなわち、この地《ち》が信心修行《しゅぎょう》と一生成仏《いっしょうじょうぶつ》の場《ば》であり、生活《せいかつ》している社会《しゃかい》を離《はな》れて、よそに仏国土《ぶっこくど》、幸福世界《こうふくせかい》を求《もと》めるのではない、との仰《おお》せです。

日蓮大聖人の仏法は「現実変革《げんじつへんかく》の宗教《しゅうきょう》」です。千差万別《せんさばんべつ》の生活《せいかつ》の上《うえ》に明確《めいかく》な実証《じっしょう》を示《しめ》し、誰《だれ》もが人生《じんせい》を最高《さいこう》に充実《じゅうじつ》させ、幸福《こうふく》になっていける力《ちから》のある宗《しゅう》教《きょう》です。

妙法を唱《とな》える門下《もんか》の住《す》むところは、「それが山であれ、谷《たに》であれ、原野《げんや》であれ、いずこも寂光土《じゃっこうど》である。これを道場《どうじょう》というのである」と、御断言《ごだんげん》です。

今《いま》、私たちが、世界広布を目指《めざ》し、学会の中で信心修行《しゅぎょう》に励《はげ》む、一人一人の誓願《せいがん》の地域《ちいき》は、まさしく〝一生成仏《いっしょうじょうぶつ》への道場《どうじょう》〟であると、拝《はい》されます。

大聖人御在世《ございせ》の鎌倉時代《かまくらじだい》、〝この世《よ》は穢土《えど》（穢《けが》れた世界《せかい》）だから厭《いと》い捨《す》て、称名念仏《しょうみょうねんぶつ》によって西方《さいほう》の極楽浄土《ごくらくじょうど》を求《もと》めよ〟と説《と》く念仏宗《ねんぶつしゅう》が流行《りゅうこう》していました。いわば「ここを去《さ》ってかしこに行《い》く」教《おし》えがはびこっていました。

大聖人は、「念仏《ねんぶつ》の哀音《あいおん》」（新931ジペー・全96ジペー）が、人々の生命力《せいめいりょく》を奪《うば》う〝元凶《げんきょう》〟となっていることを鋭《するど》く喝破《かっぱ》されました。「立正安国論《りっしょうあんこくろん》」で、「しかず、彼《か》の万祈《ばんき》を修《しゅ》せんよりは、この一凶《いっきょう》を禁《きん》ぜんには」（新33ジペー・全24ジペー）と、厳《きび》しく破折《はしゃく》された通《とお》りです。

環境《かんきょう》の変革《へんかく》は一念《いちねん》の変革《へんかく》から

「苦悩《くのう》に満《み》ちた現実《げんじつ》世界（娑婆《しゃば》世界）」を理想《りそう》の「寂光土《じゃっこうど》」へと必《かなら》ず変《か》えていける――これこそが、法華経の変革《へんかく》のメッセージであり、希望《きぼう》の哲学《てつがく》です。

「一生成仏抄《いっしょうじょうぶつしょう》」には、「浄土《じょうど》というも穢土《えど》というも、土《ど》に二《ふた》つの隔《へだ》てなし、ただ我《われ》らが心《こころ》の善悪《ぜんあく》によると見《み》えたり」（新３１７ページ・全３８４ページ）と明《あ》かされています。

浄土《じょうど》、穢土《えど》といっても、決《けっ》して固定《こてい》されたものではないのです。

大聖人が四条金吾《しじょうきんご》に送《おく》られたお手紙《てがみ》には、新《あたら》しく自分《じぶん》の所領《しょりょう》となる地域《ちいき》が、たとえ以前《いぜん》よりも劣《おと》っていたとしても、「よき《良》ところ《処》、よきところ」（新１６０５ページ・全１１８３ページ）と讃《たた》えていきなさいとも仰《おお》せになっています。大事《だいじ》なのは自身《じしん》の一念《いちねん》をどう持《も》つか、です。

大聖人は「我《われ》らが居住《こじゅう》して一乗《いちじょう》を修行《しゅぎょう》せんの処《ところ》は、いずれの処《ところ》にても候《そうら》え、常寂光《じょうじゃっこう》の都《みやこ》なるべし」（新１７８４ページ・全１３４３ページ）等《とう》と、繰《く》り返《かえ》し示《しめ》されています。

〝永遠《えいえん》の寂光《じゃっこう》の都《みやこ》〟を築《きず》く要諦《ようてい》は、妙法によるわが一念《いちねん》の変革《へんかく》にあるのです。

戸田先生は語《かた》られていました。

「広宣流布の戦《たたか》いというのは、どこまでも現実社会《げんじつしゃかい》での格闘《かくとう》である。現実《げんじつ》の社会《しゃかい》に根《ね》を張《は》れば張《は》るほど、難《なん》は競《きそ》い起《お》こってくる。それ自体《じたい》が仏法の真実《しんじつ》の証明《しょうめい》であり、避《さ》けることなど、断《だん》じてできない。どんな難《なん》が競《きそ》い起《お》ころうが、われわれは、戦《たたか》う以外《いがい》にないのだ」と。

創価の同志《どうし》は、自分《じぶん》のいる大地《だいち》こそ、自身《じしん》の誓願《せいがん》を果《は》たす、わが宝土《ほうど》なりとの信念《しんねん》に生《い》き抜《ぬ》いてきました。

現実《げんじつ》の社会《しゃかい》は熾烈《しれつ》です。試練《しれん》や困難《こんなん》は必《かなら》ずある。やりやすい環境《かんきょう》など、どこにもありません。それでも、同志《どうし》は歯《は》を食《く》いしばり、わが国土《こくど》を仏国土《ぶっこくど》にしようと、一歩《いっぽ》ずつ勇敢《ゆうかん》な戦《たたか》いを起《お》こしてきました。

環境《かんきょう》に左右《さゆう》されるのではなく、自《みずか》らが変革《へんかく》の主体者《しゅたいしゃ》となるのだ！　この覚悟《かくご》の信心に立《た》って、道《みち》を切《き》り開《ひら》いてきたのです。

「深《ふか》く『偉大《いだい》な信心』に立《た》て」

戸田先生は、こうも語《かた》られていました。

「どのような状況《じょうきょう》にあっても、自分自身《じぶんじしん》が、深《ふか》く『偉大《いだい》な信心』に立《た》てば、すべてを開《ひら》いていける。自分《じぶん》が『変《か》わり』、自分《じぶん》が『成長《せいちょう》』し、自分《じぶん》が『責任《せきにん》』を持《も》てば、一切《いっさい》に『勝利《しょうり》』できるのだ。要《よう》は自分《じぶん》だ」と。

こうした一人立《た》つ勇者《ゆうしゃ》が世界各地《かくち》に広《ひろ》がり、皆《みな》が「よき市民《しみん》」「よき国民《こくみん》」たらんと、自分《じぶん》が今《いま》いる場所《ばしょ》で立《た》ち上《あ》がったがゆえに、現実《げんじつ》に仏法は192カ国・地域《ちいき》へと広《ひろ》まり、壮大《そうだい》な民衆《みんしゅう》の連帯《れんたい》となったのです。未来を担《にな》う青年の皆《みな》さんは、鋭《するど》くこの一点《いってん》を忘《わす》れず、さらに地球規模《ちきゅうきぼ》の「人間共和《きょうわ》」の世界を広《ひろ》げていっていただきたい。これが私たちの願《ねが》いです。

出雲尼御前御書《いずもあまごぜんごしょ》

御文

（新1268ページ）

をば逆縁《ぎゃくえん》とおぼ《思》しめすべし。道《みち》の間《あいだ》、いかんが候《そうら》いけん。おぼつかなし、おぼつかなし。いそ《急》ぎ御返事《ごへんじ》うけ《承》たまわって心《こころ》の内《うち》をはれ《晴》候《そうら》わばや。恐々謹言《きょうきょうきんげん》。

現代語訳

（前欠）……を逆縁《ぎゃくえん》とお考《かんが》えになるべきです。

道中《どうちゅう》、どのようであったでしょうか。気《き》がかりでなりません。すぐにでもご返事《へんじ》をいただいて、心のうちを晴《は》らしたいものです。

第5章

謹《つつし》んで申《もう》し上《あ》げます。

続《つづ》いて拝《はい》すのは、『日蓮大聖人御書全集　新版《しんぱん》』に新《あら》たに収録《しゅうろく》された「出雲《いずも》尼御前御書《あまごぜんごしょ》」〈注4〉です。

本抄《ほんしょう》は、安房国《あわのくに》（千葉県南部《なんぶ》）の出雲尼《いずもあま》という女性《じょせい》に送《おく》られたお手紙《てがみ》です。大聖人は出雲尼《いずもあま》の道中《どうちゅう》を案《あん》じ、「気《き》がかりでなりません」「すぐにでも返事《へんじ》をいただいて、心のうちを晴《は》らしたい」と、弟子《でし》を思《おも》いやられる心情《しんじょう》を述《の》べられています。

「逆縁《ぎゃくえん》とお考《かんが》えになるべき」との前《まえ》の部分《ぶぶん》に何《なに》が書《か》かれていたかは不明《ふめい》ですが、逆縁《ぎゃくえん》とは、法華経を説《と》き聞《き》かせて反発《はんぱつ》されても縁《えん》を結《むす》べるということです。あるいは、出雲尼自身《いずもあまじしん》か周辺《しゅうへん》の門下《もんか》が仏法を語《かた》ったものの思《おも》うような結果《けっか》にならない出来事《できごと》があったのかもしれません。そのなかで、勇気《ゆうき》ある対話《たいわ》を賞《しょう》讃《さん》し、必《かなら》ずや逆縁《ぎゃくえん》の下種《げしゅ》となっていることを確信《かくしん》していきなさいと御指導《ごしどう》されている一節《いっせつ》であるとも推察《すいさつ》できます。

御書を繙《ひもと》くと、どこまでも一人一人の門下《もんか》への励《はげ》ましに心を砕《くだ》かれる、大聖人の慈愛《じあい》あふれる言々句々《げんげんくく》が幾《いく》つもつづられています。

門下《もんか》たちを思《おも》う大慈大悲《だいじだいひ》

命《いのち》にも及《およ》ぶ法難《ほうなん》の佐渡《さど》からは、わが子の病《やまい》と闘《たたか》う鎌倉《かまくら》の門下《もんか》の夫妻《ふさい》に心を寄《よ》せられ、渾身《こんしん》の激励《げきれい》を送《おく》られています。

「当国《とうごく》の大難《だいなん》ゆり候《そうら》わば、いそぎいそぎ鎌倉《かまくら》へ上《のぼ》り、見参《げんざん》いたすべし。法華経《ほけきょう》の功力《くりき》を思《おも》いやり候《そうら》えば、不老不死目前《ふろうふしもくぜん》にあり」（新1633ジペー・全1124ジペー）

〝この大難《だいなん》を勝《か》ち越《こ》えたならば、直《ただ》ちに会《あ》いに駆《か》けつけますよ。全《すべ》てを見《み》守《まも》っていますから、断《だん》じて病魔《びょうま》を打《う》ち破《やぶ》りなさい〟との大聖人の温《あたた》かな心音《しんおん》が伝《つた》わってきます。

御自身《ごじしん》が明日《あす》をも知《し》れぬ大難《だいなん》の渦中《かちゅう》にあるにもかかわらず、自分《じぶん》のことよりも、苦境《くきょう》にある門下《もんか》たちの心に寄《よ》り添《そ》われました。たとえ物理的《ぶつりてき》な距離《きょり》は離《はな》れていても、心は一緒《いっしょ》であり、師弟《してい》の絆《きずな》が断《た》ち切《き》られることは絶対《ぜったい》にないという、大慈大悲《だいじだいひ》が拝《はい》されてなりません。

他《ほか》でもない、こうした真心《まごころ》の励《はげ》ましの繰《く》り返《かえ》しが、人の心を開《ひら》き、勇気《ゆうき》づけるのです。

これこそ人間主義《しゅぎ》の仏法の真髄《しんずい》であり、創価の師弟《してい》が貫《つらぬ》いてきた実践《じっせん》の要諦《ようてい》です。

「孤立化《こりつか》」防《ふせ》ぐ真心《まごころ》の行動《こうどう》

人と人との絆《きずな》の希薄化《きはくか》が進《すす》み、地域社会《ちいきしゃかい》のつながりが弱《よわ》くなっている現代《げんだい》にあって、この「人間主義《しゅぎ》の仏法」を持《たも》つ学会員が果《は》たしている役割《やくわり》は計《はか》り知《し》れません。

分《わ》け隔《へだ》てなく身近《みぢか》な人々に声《こえ》をかけ、励《はげ》ましを送《おく》る行動《こうどう》は、地域《ちいき》に温《あたた》かな心の交流《こうりゅう》をもたらすとともに、社会《しゃかい》の安全《あんぜん》・安心《あんしん》にも大《おお》きく貢献《こうけん》しています。なかんずく、このコロナ禍《か》で人間の孤立化《こりつか》や分断《ぶんだん》が進《すす》んでいる今《いま》（2022年）、世界のいずこでも、こうした同志《どうし》の真心《まごころ》の献身《けんしん》がひときわ光《ひか》っています。その根本《こんぽん》は、どこまでも相手《あいて》を思《おも》う祈《いの》りと振《ふ》る舞《ま》いです。学会員が自然《しぜん》のうちに体現《たいげん》している、一人を大切《たいせつ》にする心の発露《はつろ》の行動《こうどう》こそが、信頼《しんらい》と友情《ゆうじょう》の連《れん》帯《たい》を築《きず》くのです。

大聖人は「法妙《ほうみょう》なるが故《ゆえ》に人貴《にんたっと》し。人貴《にんたっと》きが故《ゆえ》に所尊《ところたっと》し」（新1924ページ・全1578ページ）とも仰《おお》せです。

妙法は、自他共《じたとも》の生命《せいめい》を尊貴《そんき》ならしめ、さらに国土《こくど》も繁栄《はんえい》させていくことができる根源《こんげん》の法《ほう》です。自身《じしん》に縁《えん》する、あらゆる友《とも》に歓喜《かんき》と勇気《ゆうき》を送《おく》り、共《とも》に幸《こう》福《ふく》へ、勝利《しょうり》へと前進《ぜんしん》していく原動力《げんどうりょく》こそ、学会活動なのです。

礼儀正《れいぎただ》しく、粘《ねば》り強《づよ》く接《せっ》する

戸田先生が語《かた》られていた言葉《ことば》が思《おも》い起《お》こされます。

「心の世界《せかい》は、慈悲深《じひぶか》い心で接《せっ》すれば、いくらでも変化《へんか》するということを忘《わす》れてはならない。ともかく、心から礼儀正《れいぎただ》しく、心から粘《ねば》り強《づよ》さをもって接《せっ》していくことが大切《たいせつ》である」と。

大事《だいじ》なことは日々《ひび》の行動《こうどう》です。「人《ひと》の振《ふ》る舞《ま》い」（新1597ジペー・全1174ジペー）こそが、仏《ほとけ》が身《み》をもって教《おし》えようとした真髄《しんずい》です。

ハーバード大学《だいがく》での講演《こうえん》〈注5〉でも紹介《しょうかい》しましたが、釈尊《しゃくそん》は「喜《よろこ》びをもって人に接《せっ》し、しかめ面《つら》をしないで顔色《がんしょく》はればれと、自分《じぶん》から先《さき》に話《はな》しかける人」であったと、その人柄《ひとがら》を伝《つた》える仏典《ぶってん》もあります。私たちは、爽《さわ》やかな挨《あい》拶《さつ》、温《あたた》かな声《こえ》かけなど、日頃《ひごろ》の振《ふ》る舞《ま》いを大切《たいせつ》にしていきたいものです。

戸田先生は、こうも言《い》われました。

「この娑婆《しゃば》世界に、悩《なや》みのない人などいないのだ。ゆえに、仏《ほとけ》は人を励《はげ》まさずにはおれない。救《すく》わずにはおれない。これが折伏精神《しゃくぶくせいしん》である」

友《とも》を思《おも》い、友《とも》の幸福《こうふく》を祈《いの》って語《かた》り、励《はげ》ます。そこには、自《おの》ずと仏《ほとけ》の生命《せいめい》が脈《みゃく》打《う》っています。

人類《じんるい》の「心の壁《かべ》」を取《と》り払《はら》う

インドの若《わか》き指導者《しどうしゃ》であったラジブ・ガンジー首相《しゅしょう》〈注6〉とお会《あ》いしたのは、１９８５年秋《あき》、東京・元赤坂《もとあかさか》の迎賓館《げいひんかん》でした。

この時《とき》、平和《へいわ》のために、ともに「人類《じんるい》の『心の壁《かべ》』を取《と》り払《はら》いましょう！」と語《かた》り合《あ》ったことは忘《わす》れられません。12年後《ねんご》、私がインドのラジブ・ガンジー現代問題研究所《げんだいもんだいけんきゅうじょ》で行《おこな》った講演《こうえん》「『ニュー・ヒューマニズム』の世紀《せいき》へ」（１９９７年10月21日）の中《なか》でも、この対話《たいわ》を紹介《しょうかい》し、呼《よ》びかけました。

「壁《かべ》を取《と》り払《はら》った後《あと》には、広々《ひろびろ》とした『共生《きょうせい》の大地《だいち》』が広《ひろ》がっていることでありましょう。その大地《だいち》の上《うえ》に、平和《へいわ》の大河《たいが》が流《なが》れ、文化《ぶんか》の花園《はなぞの》が広《ひろ》がり、教《きょう》育《いく》の大樹《たいじゅ》が天《てん》に向《む》かって伸《の》びていくことでありましょう」と。

今《いま》、インドにも、地球平和《ちきゅうへいわ》を目指《めざ》す地涌《じゆ》の大陣列《だいじんれつ》が隆々《りゅうりゅう》と築《きず》かれています。「心の壁《かべ》」を打《う》ち破《やぶ》り、人間と人間の和合《わごう》の連帯《れんたい》を広《ひろ》げる創価の世界市民《しみん》の行動《こうどう》は、各界《かっかい》から注目《ちゅうもく》され、心ある知性《ちせい》が期待《きたい》しています。

現実《げんじつ》を足場《あしば》に地球規模《ちきゅうきぼ》の視野《しや》を

大聖人は、一閻浮提《いちえんぶだい》（全世界）広宣流布を明確《めいかく》に展望《てんぼう》されていました。と同《どう》時《じ》に、「顕仏未来記《けんぶつみらいき》」では、インド・中国・日本を結《むす》ぶ仏教《ぶっきょう》の三国四師《さんごくしし》〈注7〉の系譜《けいふ》を示《しめ》しつつ、自身《じしん》の出身地《しゅっしんち》を誇《ほこ》りとされ、「日本」でなく「安州《あんしゅう》の日蓮」すなわち「安房《あわ》の国の日蓮」と表現《ひょうげん》されています〈注8〉。どこまでも郷《きょう》土《ど》、地域《ちいき》を大切《たいせつ》にされていたのです。

あらためて、歴史学者《れきしがくしゃ》のトインビー博士〈注9〉の言葉《ことば》が思《おも》い起《お》こされてなりません。

――大聖人は「自国《じこく》（日本）」を愛《あい》するとともにその関心《かんしん》は「日本の海岸線《かいがんせん》に限定《げんてい》されるものではなかった」「自分《じぶん》の思《おも》い描《えが》く仏教《ぶっきょう》は、すべての場所《ばしょ》の人間仲間《なかま》を救済《きゅうさい》する手段《しゅだん》であると考《かん》えた」と。

これは、英語版《えいごばん》の小説『人間革命』第1巻に寄《よ》せてくださった序文《じょぶん》の中《なか》の言葉《ことば》です。博士は、この大聖人の仏法を信奉《しんぽう》する創価学会の運動《うんどう》が、日本で「精神的偉業《せいしんてきいぎょう》」を遂《と》げるとともに、「世界的出来事《できごと》」として各国《かっこく》に広《ひろ》がっていることに深《ふか》く注目《ちゅうもく》されていたのです。

「世界の静謐《せいひつ》」「人類《じんるい》の安穏《あんのん》」へ

私たちは、今《いま》いるこの地《ち》を、この国土《こくど》を、愛郷《あいきょう》の精神《せいしん》で現実的《げんじつてき》な行動《こうどう》の足場《あしば》としつつ、地球的規模《ちきゅうてききぼ》で物事《ものごと》を考《かんが》え、平和《へいわ》を希求《ききゅう》していくのです。そして、遠《とお》く離《はな》れた、まだ見《み》ぬ人々にも心を開《ひら》いていく。こうした、仏法を基調《きちょう》とする人間共和《きょうわ》のネットワークが、平和《へいわ》・文化《ぶんか》・教育《きょういく》の交流《こうりゅう》を通《とお》して幾重《いくえ》にも結《むす》ばれ、広《ひろ》がる中《なか》で、世界平和《へいわ》は必《かなら》ずや前進《ぜんしん》していくに違《ちが》いありません。朗《ほが》らかに、胸《むね》を張《は》りましょう。地道《じみち》に見《み》える私たちの一歩一歩《いっぽいっぽ》の変革《へんかく》の行動《こうどう》こそが、「世界の静謐《せいひつ》」を、「人類《じんるい》の安穏《あんのん》」を実現《じつげん》する直道《じきどう》なのです。

勇気《ゆうき》ある地域貢献《ちいきこうけん》・社会貢献《しゃかいこうけん》への尊《とうと》き挑戦《ちょうせん》を、さらに力強《ちからづよ》く、さらに聡明《そうめい》に、いよいよ心弾《はず》ませて進《すす》めようではありませんか。

［注　解］

〈注1〉【虚空会《こくうえ》】法華経の見宝塔品《けんほうとうほん》第11から嘱累品《ぞくるいほん》第22までの説法《せっぽう》の会座《えざ》は、仏《ほとけ》と全聴衆《ぜんちょうしゅう》が虚空《こくう》に集《つど》うなかで行《おこな》われたので虚空会《こくうえ》という。ここでは、末法《まっぽう》の娑婆《しゃば》世界にあって一切衆生《いっさいしゅじょう》を救済《きゅうさい》する地涌《じゆ》の菩薩《ぼさつ》が誓願《せいがん》を立《た》て、法《ほう》を付嘱《ふぞく》された。

〈注2〉【『永遠《えいえん》の都《みやこ》』】イギリスの小説家《しょうせつか》ホール・ケイン（1853年〜1931年）の作品《さくひん》。西暦《せいれき》1900年のローマを舞台《ぶたい》とし、人間共和《きょうわ》の理想《りそう》を目指《めざ》した壮大《そうだい》な革命劇《かくめいげき》で、革命家《かくめいか》たちの偉大《いだい》な友情《ゆうじょう》が描《えが》かれている。引用は、『永遠の都（中）』（新庄哲夫訳、潮出版社）。

〈注3〉【御義口伝《おんぎくでん》】日蓮大聖人が、身延《みのぶ》で法華経の要文《ようもん》を講義《こうぎ》され、それを日興上人《にっこうしょうにん》が筆録《ひつろく》したと伝《つた》えられている。上下《じょうげ》2巻《かん》からなる。

〈注4〉【出雲尼御前御書《いずもあまごぜんごしょ》】御書の最後《さいご》に「十二月一日」「安州出雲尼御前《あんしゅういずもあまごぜん》」とある。御執筆《ごしっぴつ》の年は、弘安《こうあん》元年（1278年）と推定《すいてい》されている。御書を頂《いただ》いた、安房国《あわのくに》の出雲尼についでは、本抄《ほんしょう》以外《いがい》の詳細《しょうさい》は不明《ふめい》である。

〈注5〉1993年9月24日、ハーバード大学での2度目《どめ》の講演《こうえん》「二十一世紀《せいき》文明《ぶんめい》と大乗仏教《だいじょうぶっきょう》」（『池田大作全集』第2巻所収）から。

〈注6〉【ラジブ・ガンジー】1944年〜91年。インドの政治家《せいじか》。祖父《そふ》はインドの初代首相《しょだいしゅしょう》ジャワハルラール・ネルー。母《はは》はインド首相《しゅしょう》を務《つと》めたインディラ・ガンジー。84年、母《はは》の暗殺《あんさつ》後《ご》、40歳《さい》でインドの第9代首相《しゅしょう》に就任《しゅうにん》。中国《ちゅうごく》やパキスタンとの和解《わかい》を進《すす》めるなどの政策《せいさく》を進《すす》めた。91年5月、選挙運動中《せんきょうんどうちゅう》に暗殺《あんさつ》された。なお、池田大作先生との会見《かいけん》の詳細《しょうさい》は、後《こう》述《じゅつ》の講演《こうえん》でも語《かた》られている(『池田大作全集』第101巻所収)。

〈注7〉【三国四師《さんごくしし》】インド・中国《ちゅうごく》・日本の三国に出現《しゅつげん》して法華経を弘通《ぐずう》した四人の師のこと。インドの釈尊《しゃくそん》、中国の天台大師《てんだいだいし》、日本の伝教《でんぎょう》大師と日蓮大聖人をいう。

〈注8〉「伝教大師《でんぎょうだいし》云《い》わく『(中略)天台大師《てんだいだいし》は釈迦《しゃか》に信順《しんじゅん》し法華宗《ほっけしゅう》を助《たす》けて震旦《しんたん》に敷揚《ふよう》し、叡山《えいざん》の一家《いっけ》は天台《てんだい》に相承《そうじょう》し法華宗《ほっけしゅう》を助《たす》けて日本《にほん》に弘通《ぐつう》す』等云々《とううんぬん》。安州《あんしゅう》の日蓮《にちれん》は、恐《おそ》らくは、三師《さんし》に相承《そうじょう》し、法華宗《ほっけしゅう》を助《たす》けて末法《まっぽう》に流通《るつう》す。三《さん》に一《いち》を加《くわ》えて三国四師《さんごくしし》と号《な》づく」(新612ページ・全509ページ)の一節《いっせつ》。

〈注9〉【トインビー博士】アーノルド・J・トインビー。1889年〜1975年。イギリスの歴史学者《れきしがくしゃ》・文明史家《ぶんめいしか》。ロンドン大学、王立国際問題研究所《おうりつこくさいもんだいけんきゅうじょ》の要職《ようしょく》を歴任《れきにん》。代表作《だいひょうさく》『歴史《れきし》の研究《けんきゅう》』は各界《かっかい》に大《おお》きな影響《えいきょう》を与《あた》えた。池田先生との対談《たいだん》『二十一世紀への対話』(『池田大作全集』第3巻所収)は、人類《じんるい》に貴重《きちょう》な展望《てんぼう》を与《あた》えるものとして、多言語《たげんご》で翻訳《ほんやく》され、30言語《げんご》を超《こ》えて世界で翻訳《ほんやく》・出版《しゅっぱん》されている。

我《われ》らは地涌《じゆ》の菩薩《ぼさつ》なり

「私たちには創価学会があります！」

こう力強《ちからづよ》く語《かた》られたのは、〝現代化学《げんだいかがく》の父《ちち》〟と呼《よ》ばれるライナス・ポーリング博士〈注1〉です。二つのノーベル賞《しょう》（化学賞《かがくしょう》と平和賞《へいわしょう》）を受賞《じゅしょう》した方《かた》でもあります。今《いま》から30年ほど前《まえ》（1993年）、アメリカの名門《めいもん》クレアモント・マッケナ大学で、私が行《おこな》った講演《こうえん》「新《あたら》しき統合原理《とうごうげんり》を求《もと》めて」〈注2〉に対《たい》して講《こう》評《ひょう》をしてくださった折《おり》の発言《はつげん》です。

博士は、私が論《ろん》じた仏法の「十界論《じっかいろん》」、なかんずく「他者《たしゃ》への献身《けんしん》に根差《ねざ》した菩薩《ぼさつ》の境涯《きょうがい》」に深《ふか》く共鳴《きょうめい》されました。そして「悩《なや》める民衆《みんしゅう》を救済《きゅうさい》し、平和《へいわ》に寄与《きよ》しゆくところに宗教本来《しゅうきょうほんらい》の重要《じゅうよう》な役割《やくわり》がある」とされ、創価学会に大《おお》いなる期待《きたい》を寄《よ》せられたのです。

一閻浮提《いちえんぶだい》広宣流布へ

5月3日の「創価学会の日」に臨《のぞ》み、私たちは、あらためて確認《かくにん》し合《あ》いたいと思《おも》います。

わが創価学会の根本《こんぽん》の使命《しめい》とは何《なに》か——。

それは、法華経の肝心《かんじん》であり、日蓮大聖人が説《と》き明《あ》かした、万人成仏《ばんにんじょうぶつ》の大法《だいほう》たる妙法を一閻浮提《いちえんぶだい》に広宣流布することにほかなりません。すなわち、地涌《じゆ》の菩薩《ぼさつ》〈注3〉の覚悟《かくご》に立《た》ち、妙法を全世界に弘通《ぐつう》して、苦悩《くのう》に喘《あえ》ぐ民衆《みんしゅう》を幸福《こうふく》にすることであり、全人類《ぜんじんるい》の平和《へいわ》と安穏《あんのん》を実現《じつげん》していくことです。

この甚深《じんじん》なる宗教的《しゅうきょうてき》使命《しめい》の自覚《じかく》こそ、創価学会の永遠《えいえん》の原点《げんてん》です。

今《いま》こそ、不二《ふに》の青年が決起《けっき》

今《いま》も私は、ありありと思《おも》い出《だ》します。

恩師《おんし》・戸田城聖《じょうせい》先生が第2代会長に就任《しゅうにん》する半年《はんとし》ほど前《まえ》のことです。先生は事業《じぎょう》の危機《きき》に直面《ちょくめん》し、学会の理事長《りじちょう》も辞任《じにん》されていました。この絶体絶命《ぜったいぜつめい》の苦境《くきょう》の中《なか》で、先生は、必死《ひっし》に支《ささ》える青年の私に、遺言《ゆいごん》のごとく創価の使命《しめい》を語《かた》ってくださったのです。

――残酷《ざんこく》な戦火《せんか》に焼《や》かれる世界を見《み》よ！　無名《むめい》の民衆《みんしゅう》の慟哭《どうこく》を聞《き》け！　けなげな母《はは》たちの涙《なみだ》を知《し》れ！　苦悩《くのう》の人類《じんるい》を救《すく》うのだ！

我々《われわれ》は、末法弘通《まっぽうぐつう》を誓《ちか》って出現《しゅつげん》した真正《しんせい》の地涌《じゆ》の菩薩《ぼさつ》であり、末法《まっぽう》の御本仏《ごほんぶつ》・日蓮大聖人の本眷属《ほんけんぞく》である。この自覚《じかく》に立《た》って、学会は発迹顕本《ほっしゃくけんぽん》しなければならない。妙法の広宣流布は、我々《われわれ》が断《だん》じて成《な》し遂《と》げなければならぬ使命《しめい》である、と。

私は、「我《われ》らは地涌《じゆ》の菩薩《ぼさつ》なり」との師《し》の心をわが心とし、断固《だんこ》と決意《けつい》しました。

――今《いま》こそ、地涌《じゆ》の青年が決起《けっき》するのだ。それなくして人類《じんるい》の根本的《こんぽんてき》な平和《へいわ》と幸福《こうふく》の道《みち》は築《きず》けない。誰《だれ》かではない。私が戦《たたか》うのだ。私が立《た》つのだ。私が叫《さけ》ぶのだ。私が進《すす》むのだ。荒《あ》れ狂《くる》う怒濤《どとう》の先頭《せんとう》に！　そして必《かなら》ず必《かなら》ず、戸田先生に第2代会長になっていただくのだ、と。

人知《ひとし》れぬ師弟不二《していふに》の激闘《げきとう》で、勝《か》ち迎《むか》えたのが、1951年（昭和26年）5月3日です。第2代会長の戸田先生と共《とも》に、全同志《ぜんどうし》が地涌《じゆ》の菩薩《ぼさつ》の誇《ほこ》りに燃《も》えて仏意仏勅《ぶついぶっちょく》の広宣流布に立《た》ち上《あ》がった、創価学会の発迹顕本《ほっしゃくけんぽん》の日《ひ》です。

「久遠《くおん》より　覚悟《かくご》の旅路《たびじ》」と

さらに、1960年（昭和35年）、恩師《おんし》の不二《ふに》の弟子《でし》として、私が第三代会長に就任《しゅうにん》し、化儀《けぎ》の広宣流布を目指《めざ》し、一歩前進《いっぽぜんしん》への指揮《しき》を執《と》り始《はじ》めたのも、同《おな》じ5月3日です。
この日、私は恩師《おんし》を偲《しの》びつつ詠《よ》みました。

五月晴《さつきば》れ
　この日この時《とき》
　　久遠《くおん》より
覚悟《かくご》の旅路《たびじ》
　　ついに来《きた》れり

「5・3」を〝原点《げんてん》の日〟とするのは、来《く》る年来《く》る年、創価の師弟《してい》が「地《じ》涌《ゆ》」の使命《しめい》に立《た》ち返《かえ》り、新《あら》たな広宣流布の大誓願《だいせいがん》に立《た》つ日であるからです。

創価学会は、大聖人直結《ちょっけつ》の信心に徹《てっ》し、どこまでも民衆《みんしゅう》の中で、民衆《みんしゅう》の苦悩《くのう》に同苦《どうく》し、民衆《みんしゅう》の救済《きゅうさい》のために進《すす》みます。どこまでも真《ま》っすぐに、法華経の大《だい》精神《せいしん》に連《つら》なっていきます。

法華経の本門《ほんもん》では、誰《だれ》が仏《ほとけ》の滅後《めつご》に妙法を弘通《ぐつう》し、仏《ほとけ》に代《か》わって末法《まっぽう》の衆生《しゅじょう》を救《すく》っていくのかが大《おお》きなテーマとなっています。

そのカギとなる存在《そんざい》こそ、地涌《じゆ》の菩薩《ぼさつ》にほかなりません。ここではまず、「右衛門大夫殿御返事《えもんのたいふどのごへんじ》」〈注4〉を拝《はい》します。

右衛門大夫殿御返事《えもんのたいふどのごへんじ》

御文　（新1502ジペー・全1102ジペー）

当今《とうこん》は末法《まっぽう》の始《はじ》めの五百年《ごひゃくねん》に当《あ》たりて候《そうろう》。かかる時刻《じこく》に上《じょう》行菩薩《ぎょうぼさつ》御出現《ごしゅつげん》あって、南無妙法蓮華経の五字《ごじ》を日本国《にほんこく》の一切《いっさい》衆生《しゅじょう》にさずけ給《たも》うべき由《よし》、経文分明《きょうもんふんみょう》なり。また流罪《るざい》・死罪《しざい》に行《おこな》わるべきよし、明《あき》らかなり。日蓮《にちれん》は上行菩薩《じょうぎょうぼさつ》の御使《おんつか》いにも似《に》たり、この法門《ほうもん》を弘《ひろ》むる故《ゆえ》に。

神力品《じんりきほん》に云《い》わく「日月《にちがつ》の光明《こうみょう》の、能《よ》く諸《もろもろ》の幽冥《ゆみょう》を除《のぞ》くがごとく、この人《ひと》は世間《せけん》に行《ぎょう》じて、能《よ》く衆生《しゅじょう》の闇《やみ》を滅《めっ》す」等《とう》云々《うんぬん》。この経文《きょうもん》に「斯人行世間《しにんぎょうせけん》（この人《ひと》は世間《せけん》に行《ぎょう》じて）」の五《いつ》つの文字《もんじ》の中《なか》の「人《にん》」の文字《もんじ》をば誰《たれ》とか思《おぼ》しめす。上行菩薩《じょうぎょうぼさつ》の再誕《さいたん》の人《ひと》なるべしと覚《おぼ》えたり。経《きょう》に云《い》わく「我滅度《われめつど》して後《のち》において、応《まさ》にこの経《きょう》を受持《じゅじ》すべし。この人《ひと》は仏道《ぶつどう》において、決定《けつじょう》して疑《うたが》いあることなけん」云々《うんぬん》。貴辺《きへん》も上行菩薩《じょうぎょうぼさつ》の化儀《けぎ》をたす《助》くる人《ひと》なるべし。

現代語訳

現在《げんざい》は末法《まっぽう》の始《はじ》めの五百年にあたっています。このような時節《じせつ》に上行菩薩《じょうぎょうぼさつ》が御出現《ごしゅつげん》され、南無妙法蓮華経の五字《ごじ》を日本国の一切衆生《いっさいしゅじょう》に授《さず》けられるということが、経文《きょうもん》に明《あき》らかに説《と》かれている。また同《おな》じく流《る》罪《ざい》・死罪《しざい》の大難《だいなん》に遭《あ》うということは経文《きょうもん》に明《あき》らかである。

日蓮は、その上行菩薩《じょうぎょうぼさつ》の御使《おんつか》いにも似《に》ている。この法門《ほうもん》を弘《ひろ》めているからである。

法華経の神力品《じんりきほん》には、「日月《にちがつ》の光明《こうみょう》が、よく諸《もろもろ》の幽冥《ゆみょう》（暗闇《くらやみ》）を除《のぞ》くように、この人は世間《せけん》の中《なか》に仏法を行《ぎょう》じて、よく衆生《しゅじょう》の闇《やみ》を滅《めっ》する」と仰《おお》せである。この経文《きょうもん》に「斯人行世間《しにんぎょうせけん》（この人は世間《せけん》に行《ぎょう》じて）」とある五文字《ごもじ》の中《なか》の「人」の字《じ》は誰《だれ》とお思《おも》いか。これこそ「上行菩薩《じょうぎょうぼさつ》の再誕《さいたん》の人」であると考《かんが》えられる。

法華経神力品《じんりきほん》には、「私（釈尊《しゃくそん》）が入滅《にゅうめつ》した後《のち》には、まさしく、この法華経を受持《じゅじ》すべきである。この人が仏道《ぶつどう》を成就《じょうじゅ》することは疑《うたが》いあるはずがない」とある。あなたも上行菩薩《じょうぎょうぼさつ》の化儀《けぎ》（弘通《ぐつう》）を助《たす》ける人なのです。

苦悩《くのう》が充満《じゅうまん》する末法《まっぽう》に出現《しゅつげん》

本抄《ほんしょう》は短《みじか》い御書ですが、末法《まっぽう》の世《よ》に地涌《じゆ》の菩薩《ぼさつ》が出現《しゅつげん》すること、なかでも、大聖人御自身《ごじしん》がその上首《じょうしゅ》（中心者《ちゅうしんしゃ》）の「上行菩薩《じょうぎょうぼさつ》」であることが強《つよ》く示唆《しさ》されています。

初代会長・牧口常三郎《つねさぶろう》先生も御書に線《せん》を引《ひ》き、大切《たいせつ》に拝《はい》された一節《いっせつ》です。御文《ごもん》の最初《さいしょ》の段《だん》では、今《いま》まさに、経文通《きょうもんどお》りに地涌《じゆ》の菩薩《ぼさつ》が出現《しゅつげん》する時《とき》だと述《の》べられます。

「時《とき》」は末法《まっぽう》の初《はじ》めの五百年《ごひゃくねん》。「国」は娑婆《しゃば》世界〈注5〉の内《うち》の日本国。この末法悪世《まっぽうあくせ》において、大聖人が南無妙法蓮華経を日本国、ひいては一閻浮提《いちえんぶだい》（全世界）の一切衆生《いっさいしゅじょう》に授《さず》けている。これは、上行菩薩《じょうぎょうぼさつ》が今《いま》、法華弘通《ほっけぐつう》のために出《しゅっ》現《げん》されている証《あか》しである。また、大聖人が流罪《るざい》・死罪《しざい》の大難《だいなん》に遭《あ》われたことも、法華経の経文通《きょうもんどお》りである。ゆえに、あえて御自身《ごじしん》が「上行菩薩《じょうぎょうぼさつ》の御使《おんつか》いにも似《に》ている」とつづられています。

現実《げんじつ》の世間《せけん》に仏法を行《ぎょう》じていく

御文《ごもん》の後半《こうはん》には、法華経如来神力品《にょらいじんりきほん》第21の末尾《まつび》の偈文《げもん》が引用《いんよう》されます。なかでも「日月《にちがつ》の光明《こうみょう》が、よく諸《もろもろ》の幽冥《ゆみょう》（暗闇《くらやみ》）を除《のぞ》くように、この人は世間《せけん》の中《なか》に仏法を行《ぎょう》じて、よく衆生《しゅじょう》の闇《やみ》を滅《めっ》する」との文《もん》は、地涌《じゆ》の菩薩《ぼさつ》の姿《すがた》をほうふつとさせます。妙法の光《ひかり》で、末法《まっぽう》の苦悩《くのう》の闇《やみ》を晴《は》らすのです。

さらに、経文《きょうもん》の「斯人行世間《しにんぎょうせけん》（この人は世間《せけん》に行《ぎょう》じて）」の漢字五文字《もじ》のうち、

「人《にん》」の文字は誰《だれ》を指《さ》すかと問《と》われ、大聖人御自身《ごじしん》こそ、その「人《にん》」であり、「上行菩薩《じょうぎょうぼさつ》の再誕《さいたん》の人《ひと》」であると示《しめ》されています。まさしく上行再誕《じょうぎょうさいたん》の人であるならば、大聖人こそが釈尊《しゃくそん》から滅後《めつご》の弘通《ぐつう》を託《たく》された末法《まっぽう》の教主《きょうしゅ》であり、末法《まっぽう》の御本仏《ごほんぶつ》であられるのです。

「再誕《さいたん》」とは〝生《う》まれ変《か》わり〟ではありません。時空《じくう》を隔《へだ》てても、法華経の経文通《きょうもんどお》り、同《おな》じ精神《せいしん》、同《おな》じ行動《こうどう》で戦《たたか》い、経説通《きょうせつどお》りの大難《だいなん》に遭《あ》う。この如説修行《にょせつしゅぎょう》の行者《ぎょうじゃ》こそ、「人《ひと》は替《か》われども因《いん》はこれ一《いち》なり」(新1290ページ・全960ページ)であり、「再誕《さいたん》の人《ひと》」となるのです。

仏法はどこまでも「法」が根本《こんぽん》です。その上《うえ》で、「法」を実践《じっせん》し、「法」を弘《ひろ》める「人」がいなければ、現実《げんじつ》に「法」が人々を利益《りやく》することも、栄《さか》えることもありません。「法自《おの》ずから弘《ひろ》まらず、人《にん》法を弘《ひろ》むるが故《ゆえ》に、人法《にんぽう》ともに尊《たっと》し」(新2200ページ・全856ページ)です。

仏《ほとけ》といい、菩薩《ぼさつ》といっても、何《なに》か特別《とくべつ》な、遠《とお》くにある架空《かくう》の存在《そんざい》では決《けっ》してない。私たちの生命《せいめい》の中《なか》にこそある。なかんずく、地涌《じゆ》の菩薩《ぼさつ》は誓願《せいがん》の力《ちから》で、人々が苦《くる》しむ悪世《あくせ》に生《う》まれ、一人の人間として自《みずか》ら立《た》ち上《あ》がっていく姿《すがた》を示《しめ》すのです。地涌《じゆ》の菩薩《ぼさつ》は、久遠《くおん》の釈尊《しゃくそん》と同《おな》じ仏《ほとけ》の果徳《かとく》を具《そな》えながら、どこまでも、九界《きゅうかい》の現実《げんじつ》から離《はな》れることはありません。

あえて悪世《あくせ》の中《なか》に飛《と》び込《こ》み、民衆《みんしゅう》の大地《だいち》の中《なか》で、自《みずか》らも苦悩《くのう》を抱《かか》えながら、ありのままの姿《すがた》で、苦《くる》しむ人を励《はげ》まし、救《すく》っていく——その人こそが、経文《きょうもん》に説《と》かれた「地涌《じゆ》の菩薩《ぼさつ》」なのです。

先《さき》の五文字《もじ》に「世間《せけん》に行《ぎょう》ずる」とあります。これも、地涌《じゆ》の菩薩《ぼさつ》が活動《かつどう》する場《ば》所《しょ》は、徹底《てってい》して現実社会《げんじつしゃかい》（世間《せけん》）であるということです。御書には「智者《ちしゃ》とは、世間《せけん》の法《ほう》より外《ほか》に仏法《ぶっぽう》を行《おこな》わず」（新1968ジペー・全1466ジペー）とも仰《おお》せです。

人を救《すく》う菩薩行《ぼさつぎょう》の「行者《ぎょうじゃ》」たれ

さらに、「行《ぎょう》」の一字に着目《ちゃくもく》するならば、上行菩薩《じょうぎょうぼさつ》をはじめ四菩薩《しぼさつ》〈注6〉の名《な》には、全《すべ》て「行《ぎょう》」の字《じ》が入《はい》っています。行動《こうどう》を第一《だいいち》とする菩薩道《ぼさつどう》の根幹《こんかん》を見《み》ることもできるでしょう。大聖人が自《みずか》ら「法華経《ほけきょう》の行者《ぎょうじゃ》」と称《しょう》された意義《いぎ》は、誠《まこと》に大きいと拝《はい》されます。

牧口先生も、「信《しん》ずるだけでも御願《おねが》いをすれば御利益《ごりやく》はあるに相違《そうい》ないが、ただそれだけでは菩薩行《ぼさつぎょう》にはならない。自分《じぶん》ばかり御利益《ごりやく》を得《え》て、他人《たにん》に施《ほどこ》さぬような個人主義《こじんしゅぎ》の仏《ほとけ》はないはずである。菩薩行《ぼさつぎょう》をせねば仏《ほとけ》にはなられぬのである」と、「行者《ぎょうじゃ》たれ」と叫《さけ》ばれました。戦時下《せんじか》の軍部政府《ぐんぶせいふ》の弾圧《だんあつ》で逮捕《たいほ》される前年《ぜんねん》（1942年11月）です〈注7〉。

御文《ごもん》の最後《さいご》に、大聖人は「あなたも上行菩薩《じょうぎょうぼさつ》の弘通《ぐつう》を助《たす》ける人なのです」と讃《たた》えられています。縁《えん》する門下《もんか》を大果報《だいかほう》ある広宣流布の陣列《じんれつ》に包《つつ》み込《こ》んでくださる、なんと有《あ》り難《がた》い師恩《しおん》でありましょうか。創価の同志《とも》も皆《みな》、この地涌《じゆ》の大《だい》行進《こうしん》に連《つら》なっているのです。

御義口伝《おんぎくでん》

御文

（新1113ジペー・全798ジペー）

これまた妙法《みょうほう》の従地《じゅうじ》なれば、十界《じっかい》の大地《だいち》なり。妙法《みょうほう》の涌出《ゆじゅつ》なれば、十界皆涌出《じっかいみなゆじゅつ》するなり。十界《じっかい》は妙法《みょうほう》の菩薩《ぼさつ》なれば、皆《みな》、饒益有情界《にょうやくうじょうかい》の慈悲深重《じひじんじゅう》の大士《だいじ》なり。（中略）菩薩《ぼさつ》とは、十界《じっかい》の衆生《しゅじょう》の本有《ほんぬ》の慈悲《じひ》なり。この菩薩《ぼさつ》に本法《ほんぽう》の妙法蓮華経《みょうほうれんげきょう》を付嘱《ふぞく》せんがために従地涌出《じゅうじゆじゅつ》するなり。日蓮等《にちれんら》の類《たぐ》い、南無妙法蓮華経と唱《とな》え奉《たてまつ》る者《もの》は、従地涌出《じゅうじゆじゅつ》の菩薩《ぼさつ》なり。外《ほか》に求《もと》むることなかれ云々《うんぬん》。

現代語訳

〈「二十八品《にじゅうはっぽん》ことごとく南無妙法蓮華経の事《こと》」「一、涌出品《ゆじゅっぽん》」〉

（釈尊《しゃくそん》が召《め》し出《い》だした地涌《じゆ》の菩薩《ぼさつ》は）妙法の「従地《じゅうじ》」（地従《じよ》り）であるから、十界《じっかい》を大地《だいち》とするのである。妙法の「涌出《ゆじゅつ》」であるから、十界《じっかい》が皆《みな》、涌出《ゆじゅつ》するのである。十界《じっかい》の衆生《しゅじょう》は、妙法の菩薩《ぼさつ》であるから、皆《みな》、有情界《うじょうかい》を利益《りやく》する慈悲《じひ》の深重《じんじゅう》なる大菩薩《だいぼさつ》である。（中略）

（地涌《じゆ》の）菩薩《ぼさつ》とは、十界《じっかい》の衆生《しゅじょう》が本来《ほんらい》、有《ゆう》している慈悲《じひ》である。この菩薩《ぼさつ》に根源《こんげん》の法《ほう》である妙法蓮華経を付嘱《ふぞく》するために、従地涌出《じゅうじゆじゅつ》が行《おこな》われたのである。

日蓮及《およ》びその一門《いちもん》のように、南無妙法蓮華経を唱《とな》える者《もの》は、この従《じゅう》地涌出《じゆじゅつ》の菩薩《ぼさつ》である。これ以外《いがい》に求《もと》めてはならない。

次《つぎ》に、涌出品《ゆじゅっぽん》についての「御義口伝《おんぎくでん》」〈注8〉を拝《はい》したいと思《おも》います。涌出品《ゆじゅっぽん》の題名《だいめい》ともなっている「従地涌出《じゅうじゆじゅつ》」との経文《きょうもん》を、十界《じっかい》の生命論《せいめいろん》の上《うえ》から自在《じざい》に、かつダイナミックに展開《てんかい》されている一節《いっせつ》です。

「妙法《みょうほう》の涌出《ゆじゅつ》なれば、十界皆涌出《じっかいみなゆじゅつ》するなり」と仰《おお》せです。地涌《じゆ》の菩薩《ぼさつ》が大地《だいち》を割《わ》って涌出《ゆじゅつ》するというのは、十界《じっかい》のうちの「菩薩界《ぼさつかい》」としてだけ現《あらわ》れるのではありません。十界《じっかい》の全《すべ》てとして現実《げんじつ》の大地《だいち》に涌出《ゆじゅつ》するというのです。その内《ない》面《めん》は皆《みな》、妙法の菩薩《ぼさつ》なのです。

たとえ今《いま》、地獄《じごく》の苦《くる》しみのような境涯《きょうがい》にあろうが、苦難《くなん》に負《ま》けず、ひたぶるに妙法を唱《とな》え、戦《たたか》う人は皆《みな》、地涌《じゆ》の菩薩《ぼさつ》です。何もつくろう必要《ひつよう》はない。ありのままです。今《いま》この瞬間《しゅんかん》、いかなる生命境涯《せいめいきょうがい》にあろうとも、全《すべ》て菩薩《ぼさつ》の働《はたら》きとしていけるのです。また、私たちがさまざまな職業《しょくぎょう》、立場《たちば》、才能《さいのう》、個性《こせい》などをもって、現実社会《げんじつしゃかい》で活動《かつどう》し、人々のために尽《つ》くす。その桜梅桃李《おうばいとうり》の姿《すがた》もまた、生《い》き生《い》きとした「十界皆涌出《じっかいみなゆじゅつ》」の証明《しょうめい》といえるでしょう。

涌出《ゆじゅつ》した十界《じっかい》が皆《みな》、妙法の菩薩《ぼさつ》であるから、その一切《いっさい》の振《ふ》る舞《ま》いは、有《う》情界《じょうかい》、生《い》きとし生《い》けるものを饒益《にょうやく》（利益《りやく》を与《あた》えること）する慈悲《じひ》の発露《はつろ》となるのです。

自分《じぶん》の周《まわ》りに「慈悲《じひ》の春風《はるかぜ》」を

「菩薩《ぼさつ》」といえば、法華経の中《なか》にも弥勒菩薩《みろくぼさつ》や文殊師利菩薩《もんじゅしりぼさつ》等々、有名無名《ゆうめいむめい》を問《と》わず、数多《かずおお》くの菩薩《ぼさつ》が登場《とうじょう》します。しかし大聖人は、「妙法の菩薩《ぼさつ》」は、そうした特定《とくてい》の人格化《じんかくか》された存在《そんざい》ではない。本来《ほんらい》、十界《じっかい》の衆生《しゅじょう》の皆《みな》に、慈悲《じひ》が具《そな》わっていると仰《おお》せです。どんな人の生命《せいめい》にも「本有《ほんぬ》の慈悲《じひ》」があるのです。言《い》い換《か》えれば、本来《ほんらい》、誰《だれ》もが菩薩《ぼさつ》なのです。誰《だれ》もが己心《こしん》の菩薩《ぼさつ》の生命《せいめい》を開《ひら》き、自他共《じたとも》の幸福《こうふく》のために働《はたら》くことができる。その現実《げんじつ》の証明者《しょうめいしゃ》が地涌《じゆ》の菩薩《ぼさつ》です。

「これらの大菩薩《だいぼさつ》、末法《まっぽう》の衆生《しゅじょう》を利益《りやく》したもうこと、なお魚《うお》の水《みず》に練《な》れ鳥《とり》の天《てん》に自在《じざい》なるがごとし」（新1401ジペー・全1033ジペー）とも仰《おお》せです。地涌《じゆ》の菩《ぼ》薩《さつ》が自在《じざい》に躍動《やくどう》し、闊歩《かっぽ》する民衆《みんしゅう》の大地《だいち》を、慈悲《じひ》の春風《はるかぜ》が包《つつ》みゆくことは間違《まちが》いありません。

この御義口伝《おんぎくでん》には、妙法を唱《とな》えゆく大聖人一門《いちもん》こそが「従地涌出《じゅうじゆじゅつ》の菩薩《ぼさつ》」であり、地涌《じゆ》の誇《ほこ》りと自覚《じかく》を持《も》ち続《つづ》けていきなさいと厳然《げんぜん》と仰《おお》せです。まさしく現実《げんじつ》に今《いま》、妙法を持《たも》ち、弘《ひろ》めている学会員こそ地涌《じゆ》の菩薩《ぼさつ》であり、広宣流布の真実《しんじつ》の闘士《とうし》なのです。

「我《わ》が娑婆《しゃば》世界」を仏国土《ぶっこくど》に

この地涌《じゆ》の菩薩《ぼさつ》が躍《おど》り出《で》る舞台《ぶたい》こそ「娑婆《しゃば》世界」にほかなりません。涌出品《ゆじゅっぽん》で、釈尊《しゃくそん》は、自身《じしん》の住《す》む国土《こくど》を「我《わ》が娑婆世界《しゃばせかい》」（法華経452ジペー）と呼《よ》んでいます。誠《まこと》に深《ふか》い愛着《あいちゃく》が感《かん》じられる言葉《ことば》です。久遠《くおん》の釈尊《しゃくそん》が自《みずか》ら「我《わ》が娑婆《しゃば》世界」（私の娑婆《しゃば》世界）と語《かた》っていることに法華経の特徴《とくちょう》があるのです。

そして、地涌《じゆ》の菩薩《ぼさつ》もまた、師《し》である釈尊《しゃくそん》と共《とも》に、「我《わ》が娑婆《しゃば》世界」を仏国《ぶっこく》土《ど》と輝《かがや》かせる活動《かつどう》に立《た》ち上《あ》がるのです。

釈尊《しゃくそん》の在世《ざいせ》、インドに限《かぎ》らず、世界には、さまざまな国がありました。

しかし、涌出品《ゆじゅっぽん》の中《なか》で、無数《むすう》の地涌《じゆ》の菩薩《ぼさつ》が出現《しゅつげん》する娑婆《しゃば》世界には、なんの国境線《こっきょうせん》も引《ひ》かれていません。どんな人々も、地涌《じゆ》の菩薩《ぼさつ》にとっては、かけがえのない「我《わ》が娑婆《しゃば》世界」の宿縁深《しゅくえんふか》き衆生《しゅじょう》にほかなりません。

「地涌《じゆ》」のルーツに気づけ

また、地涌《じゆ》の菩薩《ぼさつ》にとって、娑婆《しゃば》世界の衆生《しゅじょう》は、〝皆《みな》、地球人《ちきゅうじん》〟〝皆《みな》、世界市《し》民《みん》〟なのです。それは、私には、恩師《おんし》が示《しめ》された「地球民族主義《ちきゅうみんぞくしゅぎ》」〈注9〉のビジョンと見事《みごと》に重《かさ》なっていく思《おも》いがします。

この「地涌《じゆ》」の大地《だいち》――生命根源《せいめいこんげん》のルーツについて、私はかつて、人種問題《じんしゅもんだい》の打開《だかい》を祈《いの》りつつ、詩《し》に詠《よ》みました〈注10〉。

その大地《だいち》こそ
人間の根源的実在《こんげんてきじつざい》の故郷《ふるさと》
国境《こっきょう》もなく　人種《じんしゅ》・性別《せいべつ》もない
ただ「人間」としてのみの
真実《しんじつ》の証《あかし》の世界《せかい》だ
〝根源《こんげん》のルーツ〟をたどれば
すべては同胞《はらから》！
それに気《き》づくを「地涌《じゆ》」という！

この地涌《じゆ》の民衆《みんしゅう》の大連帯《だいれんたい》を、私たち創価の世界市民《しみん》は文字通《もじどお》り、地球規模《ちきゅうきぼ》で広《ひろ》げているのです。

「ナンバー・ナイン」の行動《こうどう》を！

ポーリング博士は、「他者《たしゃ》への献身《けんしん》の行為《こうい》こそ調和《ちょうわ》ある社会《しゃかい》を築《きず》きゆくための規範《きはん》となるべきである」とも訴《うった》え、こう力強《ちからづよ》く呼《よ》びかけられました。

「私たちは十界論《じっかいろん》のうちの『ナンバー・ナイン』つまり菩薩《ぼさつ》の精神《せいしん》に立《た》って行動《こうどう》するよう努力《どりょく》すべきです！」――当時《とうじ》91歳《さい》の碩学《せきがく》による、まさに後世《こうせい》への師子吼《ししく》でありました。

確《たし》かに、分断《ぶんだん》と対立《たいりつ》の世界を、調和《ちょうわ》と共生《きょうせい》の世界へと転《てん》ずるには、人間の尊《そん》厳性《げんせい》を信《しん》じ抜《ぬ》く、菩薩《ぼさつ》の精神《せいしん》が不可欠《ふかけつ》でありましょう。

今《いま》、直面《ちょくめん》する世界の現実《げんじつ》が、どれほど苦渋《くじゅう》と困難《こんなん》を極《きわ》めても、「能《よ》く能《よ》く心《こころ》を鍛《きた》わせ給《たも》うにや」（新1608ジペー・全1186ジペー）と賞讃《しょうさん》された地涌《じゆ》の菩薩《ぼさつ》に、絶望《ぜつぼう》や諦《あきら》めなどは断《だん》じてありません。

地涌《じゆ》の菩薩《ぼさつ》は、末法《まっぽう》という最《もっと》も大変《たいへん》な時代《じだい》に、娑婆《しゃば》という最《もっと》も困難《こんなん》な世界へ、そして、今日《きょう》より明日《あす》へ、はるか未来へも、喜《よろこ》び勇《いさ》んで飛《と》び込《こ》んでいく勇《ゆう》気《き》と希望《きぼう》の菩薩《ぼさつ》です。
涌出品《ゆじゅっぽん》には、その威徳《いとく》が記《しる》されています。
「昼夜常精進《ちゅうやじょうしょうじん》」（昼夜《ちゅうや》に常《つね》に精進《しょうじん》す）
「如蓮華在水《にょれんげざいすい》」（蓮華《れんげ》の水《みず》に在《あ》るが如《ごと》し）
「志固無怯弱《しこむこうにゃく》」（志固《こころざしかた》くして怯弱《こうにゃく》無《な》し）
「巧於難問答《ぎょうおなんもんどう》」（難問答《なんもんどう》に巧《たく》みなり）
「其心無所畏《ごしんむしょい》」（其《そ》の心に畏《おそ》るる所《ところ》無《な》し）
「忍辱心決定《にんにくしんけつじょう》」（忍辱《にんにく》の心は決定《けつじょう》す）
こうした生命《せいめい》の輝《かがや》きを、民衆自身《みんしゅうじしん》が存分《ぞんぶん》に発揮《はっき》しながら地球《ちきゅう》を舞台《ぶたい》に乱舞《らんぶ》するのです。

今《いま》こそ誉《ほま》れある地涌《じゆ》の心意気《こころいき》で
大聖人は仰《おお》せです。

「大悪《だいあく》おこれば大善《だいぜん》きたる」「大正法《だいしょうほう》、必《かなら》ずひろまるべし。各々《おのおの》なにをかなげかせ給《たも》うべき」(新2145ジペー・全1300ジペー)

「上行菩薩《じょうぎょうぼさつ》の大地《だいち》よりいで給いしには、おどりてこそいで給いしか」(同ジペー)

何《なに》があろうと、どんな時代《じだい》の嵐《あらし》が吹《ふ》き荒《あ》れようとも、大聖人が教《おし》えてくださった、誉《ほま》れある地涌《じゆ》の勇者《ゆうしゃ》の心意気《こころいき》を、そして仏意仏勅《ぶついぶっちょく》の使命《しめい》を、私たちはゆめゆめ忘《わす》れまい。

さあ、わが友《とも》よ、人類《じんるい》の平和《へいわ》と幸福《こうふく》のために、「太陽の仏法」を抱《いだ》いて、慈《じ》折《しゃく》広布に進《すす》む創価の地涌《じゆ》の陣列《じんれつ》を、いよいよの決意《けつい》で一段《いちだん》と強《つよ》め、広《ひろ》げゆこうではありませんか!

〔注　解〕

〈注1〉【ライナス・ポーリング博士】1901年～94年。20世紀《せいき》を代表《だいひょう》する米国の物理《ぶつり》化学者《かがくしゃ》で、ビタミンCの研究《けんきゅう》でも著名《ちょめい》。池田大作先生との対談集に『「生命《せいめい》の世紀」への探求《たんきゅう》』（『池田大作全集』第14巻所収）がある。

〈注2〉【クレアモント・マッケナ大学《だいがく》での講演《こうえん》】1993年（平成5年）1月29日の講演《こうえん》。池田大作先生は、冷戦後《れいせんご》の分断《ぶんだん》・分離《ぶんり》を乗《の》り越《こ》える新《あら》たな統合原理《とうごうげんり》は、「人間を超越《ちょうえつ》したところにではなく、徹底《てってい》して人間に即《そく》して内在的《ないざいてき》に求《もと》められなければならない」等と訴《うった》えた。『池田大作全集』第2巻に収録。

〈注3〉【地涌《じゆ》の菩薩《ぼさつ》】法華経従地涌出品《じゅうじゆじゅっぽん》第15で、釈尊《しゃくそん》が滅後《めつご》における妙法弘通《ぐつう》を託《たく》すべき人々として呼《よ》び出《い》だした菩薩《ぼさつ》たち。大地《だいち》から涌出《ゆじゅつ》したので地涌《じゆ》の菩薩《ぼさつ》という。如来神力品《にょらいじんりきほん》第21で滅後悪世《めつごあくせ》における弘通《ぐつう》が、釈尊《しゃくそん》から地涌《じゆ》の菩薩《ぼさつ》の上首《じょうしゅ》（中心者《ちゅうしんしゃ》）・上行菩薩《じょうぎょうぼさつ》に託《たく》された。創価学会第2代会長・戸田城聖《じょうせい》先生は、獄中《ごくちゅう》で自身《じしん》が地涌《じゆ》の菩薩《ぼさつ》として、法華経の付嘱《ふぞく》が説《と》かれる虚空会《こくうえ》の儀式《ぎしき》に参加《さんか》していたことを覚知《かくち》された。

〈注4〉【右衛門大夫殿御返事《えもんのたいふどのごへんじ》】弘安《こうあん》2年（1279年）12月、右衛門大夫殿《えもんのたいふどの》すなわち池上兄弟《いけがみきょうだい》の兄《あに》・宗仲《むねなか》に送《おく》られた。末法《まっぽう》の初《はじ》めに上行菩薩《じょうぎょうぼさつ》が出現《しゅつげん》されることを明《あ》かされ、日蓮大聖人御《ご》自身《じしん》が上行菩薩《じょうぎょうぼさつ》として経文通《きょうもんどお》りのお振《ふ》る舞《ま》いをされていることを述《の》べられている。

〈注5〉【娑婆《しゃば》世界】本書51ページ参照。

〈注6〉【四菩薩《しぼさつ》】本書77ページ参照。

〈注7〉「法華経の信者《しんじゃ》と行者《ぎょうじゃ》と学者《がくしゃ》及《およ》び其研究法《そのけんきゅうほう》」から。1942年（昭和17年）11月22日、創価教育学会第5回総会《そうかい》で牧口常三郎《つねさぶろう》先生が行《おこな》った講演《こうえん》。『牧口常三郎全集』第10巻所収。

〈注8〉【御義口伝《おんぎくでん》】本書155ページ参照。

〈注9〉【地球民族主義《ちきゅうみんぞくしゅぎ》】戸田城聖《じょうせい》先生が、1952年（昭和27年）2月に行《おこな》われた青年部の研究《けんきゅう》発表会《はっぴょうかい》の席上《せきじょう》、自身《じしん》の思想《しそう》として宣言《せんげん》された。全世界の全《すべ》ての民族《みんぞく》が、互《たが》いに争《あらそ》いや差別《さべつ》にとらわれるのでなく、人間を主《しゅ》とした同《おな》じ地球民族《ちきゅうみんぞく》として、相互扶助《そうごふじょ》の精神《せいしん》で、共《とも》に繁《はん》栄《えい》していこうとする共生《きょうせい》と調和《ちょうわ》の思想《しそう》。

〈注10〉1992年、アメリカ・ロサンゼルスで、人種間《じんしゅかん》に高《たか》まる緊張《きんちょう》を背景《はいけい》とした〝ロス暴《ぼう》動《どう》〟が起《お》こり、憎悪《ぞうお》と暴力《ぼうりょく》を浮《う》き彫《ぼ》りにし、社会《しゃかい》に大《おお》きな衝撃《しょうげき》を与《あた》えた。池田大作先生は、市民《しみん》の無事《ぶじ》と事態《じたい》の鎮静《ちんせい》を祈念《きねん》し、翌《よく》93年1月27日、長編詩《ちょうへんし》「新生《しんせい》の天地《てんち》に地涌《じゆ》の太陽」を贈《おく》った。詩《し》では、人類共生《じんるいきょうせい》の模範《もはん》となる社会建設《しゃかいけんせつ》へ希望《きぼう》の指標《しひょう》を示《しめ》している。『池田大作全集』第43巻収録。

池田大作（いけだ・だいさく）
1928年～2023年。東京生まれ。創価学会第三代会長、名誉会長、創価学会インタナショナル（SGI）会長を歴任。創価大学、アメリカ創価大学、創価学園、民主音楽協会、東京富士美術館、東洋哲学研究所、戸田記念国際平和研究所などを創立。世界各国の識者と対話を重ね、平和、文化、教育運動を推進。国連平和賞のほか、モスクワ大学、グラスゴー大学、デンバー大学、北京大学など、世界の大学・学術機関の名誉博士、名誉教授、さらに桂冠詩人・世界民衆詩人の称号、世界桂冠詩人賞、世界平和詩人賞など多数受賞。
著書は『人間革命』（全12巻）、『新・人間革命』（全30巻）など小説のほか、対談集も『二十一世紀への対話』（A・J・トインビー）、『二十世紀の精神の教訓』（M・ゴルバチョフ）、『平和の哲学　寛容の智慧』（A・ワヒド）、『地球対談　輝く女性の世紀へ』（H・ヘンダーソン）など多数。

我らは地涌の菩薩なり

発行日　二〇二五年五月三日

著　者　池　田　大　作
発行者　小　島　和　哉
発行所　聖教新聞社
〒一六〇―八〇七〇　東京都新宿区信濃町七
電話　〇三―三三五三―六一一一（代表）
印刷・製本　TOPPANクロレ株式会社
定価は表紙に表示してあります

ISBN978-4-412-01718-4